D1348066

30107 003 599 690

看图学量词

（英 语 注 释）

Learning Chinese Measure Words

ILLUSTRATED

焦 凡 编

孙移风
王 志 插图

华语教学出版社 北京

SINOLINGUA BEIJING

First Edition   1993
Second Printing 1995

ISBN 7-80052-201-6

Copyright 1993 by Sinolingua

Published by Sinolingua

24 Baiwanzhuang Road, Beijing 100037, China

Printed by Beijing Foreign Languages Printing House

Distributed by China Internationl

Book Trading Corporation

35 Chegongzhuang Xilu, P.O. Box 399

Beijing 100044, China

Printed in the People's Republic of China

目　录
Contents

前　言

一.编写目的

量词对初学汉语的外国人来说,掌握起来是比较困难的,因为绝大多数学生的母语中都没有量词,所以他们不习惯用。另外,由于在初学阶段只能学到为数不多的量词,因此他们对量词缺乏完整的概念和感性的认识。为了使初学者能集中地、系统地、形象地学习量词,我们编写了这本《看图学量词》。

《看图学量词》是一本配合基础汉语学习的辅助教材,也可作为幻灯或录像的脚本。这本书适合于已经学完或正在学习基础汉语的留学生和有一定汉语基础的外籍教师及其他外国人使用。

二.编写原则

本书选择了生活中常用的143个量词,其中包括个体量词、集体量词、部分量词、容器量词、临时量词、准量词和动量词。

根据初学者的汉语水平,结合他们的日常生活,我们用这些量词的不同词义及用法,编写了近300篇文字浅显、内容简短的情景短文或对话,并配有百余幅插图,短文中使用的词汇是以北京语言学院1979年编写的华语教学出版社出版的《基础汉语课本》1—3册中出现的967个生词为基础,另外又增加了300多个生词。

三.编写体例

每个量词下列出一个或若干个常用义项,每个义项下依次为:英语释义、情景短文或对话、量词短语举例、生词;部分词条还附有其他说明。

编　著
1989年11月

PREFACE

AIM

For most foreign students of Chinese, the measure words are perhaps one of the major problems to deal with throughout their studies. It is either because there are so few equivalents of Chinese measure words in the students' respective mother tongues that the students simply have no set notion about them, or because the students can only gain access to a limited number of measure words in their textbooks, which often lack a way for them to learn the rest of the commonly-used measure words systematically.

Learning Chinese Measure Words is specially designed to help foreign students solve this problem. It is intended mainly for learners of Chinese language and grammar and for those who require particular help in broadening their knowledge of the connotations and the different uses of Chinese measure words. The book can also be used by those inventive Chinese language teachers who are interested in using the audio-visual approach in their teaching as a surce book for making slides and video-recording scripts.

CONTENTS

The 143 most commonly used measure words have been selected for this book, including individual measure, group measure, partitive measure, container measure, temporary measure, quasi—measure and action measure words.

Nearly 300 situational passages and dialogues with more than one hundred illustrations in the book are designed to show the measure words in their usual context. These passages and dialogues will encourage students to become familiar with the different uses of Chinese measure words. Considering the fact that most of the readers of the book are just elementary learners, the passages have been prepared using simple language. The word order follows a simple pattern and the sentences are short and easy to understand. The vocabulary range of the passages and dialogues is based on the 967 words appearing in the first three volumes of the *Elementary Chinese Readers* (Beijing Language Institute, Published by Sinolingua in 1979). Besides the basic 967 words, about 300 new words are supplemented with the intention of enlarging the readers' working vocabulary.

LAYOUT

Each measure word entry is followed, if necessary, by four parts:

1. An explanation in English.
2. Situational passages or dialogues.
3. Other example phrases.
4. New words.

Some entries are provided with additional notes on usage. When an entry has more than one meaning, the meanings are numbered in sequence and followed by the same four parts.

The Author

November, 1989.

量词目录
An Alphabetical List of Measure Words

M

- méi 枚
- mén 门
- miàn 面
- míng 名

P

- pái 排
- pán 盘
- pī 批
- pǐ 匹
- piān 篇
- piàn 片
- piě 撇
- píng 瓶

Q

- qī 期
- qǐ 起
- quān 圈
- qún 群

S

- shàn 扇
- sháo 勺
- shēn 身
- shēng 声
- shǒu 手
- shǒu 首
- shù 束
- shuāng 双
- sōu 艘
- suǒ 所

T

- tái 台
- tān 摊
- táng 堂
- tàng 趟
- tào 套
- tiáo 条
- tiē 贴
- tǒng 筒
- tóu 头
- tuán 团

W

- wán 丸
- wǎn 碗
- wèi 位
- wèi 味
- wō 窝

X

- xí 席
- xià 下
- xiàng 项
- xiē 些

Y

- yá 牙
- yǎn 眼
- yàng 样
- yè 页

Z

- zhǎn 盏
- zhàn 站
- zhāng 张
- zhèn 阵
- zhī 支
- zhī 只
- zhī 枝
- zhǒng 种
- zhuāng 桩
- zhuàng 幢
- zhuō 桌
- zūn 尊
- zuǒ 撮
- zuò 座

<table>
<tr><td>

bǎ 把

</td><td>

1. Individual measure for things with a handle.

</td></tr>
</table>

情　景

(1) 我有两**把**小刀儿，一**把**是中国刀，一**把**是法国刀。中国刀是我买的，法国刀是朋友送给我的。

(1) Wǒ yǒu liǎng bǎ xiǎodāor, yì bǎ shì Zhōngguó dāo, yì bǎ shì Fǎguó dāo. Zhōngguó dāo shì wǒ mǎi de, Fǎguó dāo shì péngyou sòng gěi wǒ de.

(2) 下雨了，妈妈从家里拿了两**把**伞去学校接孩子，刚走到学校门口，雨就停了。

(2) Xià yǔ le, māma cóng jiā lǐ nále liǎng bǎ sǎn qù xuéxiào jiē háizi, gāng zǒu dào xuéxiào ménkǒu, yǔ jiù tíng le.

(3) 这个教室有 18 张桌子，可是只有 15 **把**椅子。我们再去搬 3 **把**椅子来吧。

(3) Zhège jiàoshì yǒu shíbā zhāng zhuōzi, kěshì zhǐ yǒu shíwǔ bǎ yǐzi. Wǒmen zài qù bān sān bǎ yǐzi lái ba.

(4) 我姐姐有两**把**剪子，一**把**大剪子，一**把**小剪子。她用大剪子裁衣服，用小剪子剪指甲。

(4) Wǒ jiějie yǒu liǎng bǎ jiǎnzi, yì bǎ dà jiǎnzi, yì bǎ xiǎo jiǎnzi. Tā yòng dà jiǎnzi cái yīfu, yòng xiǎo jiǎnzi jiǎn zhījia.

(5) A：我丢了一**把**钥匙。

B：什么钥匙？

A：大门钥匙。

B：刚才捡到一**把**，不知道是不是你的。

A：是吗？我去看看。

(5) A：Wǒ diūle yì bǎ yàoshi.

B：Shénme yàoshi?

A：Dà mén yàoshi.

B：Gāngcái jiǎndào yì bǎ, bù zhīdao shìbúshì nǐ de.

A：Shì ma? Wǒ qù kànkan.

短　语

一把锁；一把扇子；一把笤帚；一把茶壶；一把勺子；一把刷子；一把梳子；一把算盘；一把尺子；一把小提琴；一把斧子；一把锯子

生　词

1. 送	sòng	give as a present	12. 笤帚	tiáozhou	whisk broom
2. 伞	sǎn	umbrella	13. 茶壶	cháhú	teapot
3. 接	jiē	meet	14. 勺子	sháozi	ladle, scoop
4. 剪子	jiǎnzi	scissors	15. 刷子	shuāzi	brush
5. 裁	cái	cut out	16. 梳子	shūzi	comb
6. 剪	jiǎn	cut, trim	17. 算盘	suànpán	abacus
7. 指甲	zhǐjia	fingernail	18. 尺子	chǐzi	ruler
8. 钥匙	yàoshi	key	19. 小提琴	xiǎotíqín	violin
9. 捡	jiǎn	find, pick up	20. 斧子	fǔzi	axe
10. 锁	suǒ	lock	21. 锯子	jùzi	saw
11. 扇子	shànzi	fan			

2. Bunch: partitive measure for things of the same kind fastened together.
This usage is often typified by a retroflexion of the vowel.

情　景

A：你买什么了？

B：我买了一**把**菠菜，两**把**小萝卜。

你买什么了？

A：我买了一斤苹果，一**把**香蕉。

A：Nǐ mǎi shénme le?

B：Wǒ mǎile yì bǎr bōcài, liǎng bǎr xiǎoluóbo.

Nǐ mǎi shénme le?

A：Wǒ mǎile yì jīn píngguǒ, yì bǎr xiāngjiāo.

短　语

一**把**鲜花；　一**把**筷子；　一**把**挂面

生　词

1. 菠菜	bōcài	spinach	4. 鲜花	xiānhuā	fresh flowers
2. 小萝卜	xiǎoluóbo	radish	5. 筷子	kuàizi	chopsticks
3. 香蕉	xiāngjiāo	banana	6. 挂面	guàmiàn	fine dried noodles

3. Handful：partitive measure for the quantity of things that can be held in one hand.

情　景

　　小朋友要走了，我又抓了一把糖放在他的口袋里。他笑着说："谢谢阿姨。"

　　Xiǎopéngyou yào zǒu le，wǒ yòu zhuāle yì bǎ táng fàng zài tā de kǒudài li. Tā xiàozhe shuō："Xièxiè āyí."

短　语

　　一把米；　一把花生；　一把花生米；　一把豆子；　一把瓜子；　一把钱

生　词

1. 口袋	kǒudài	pocket	5. 豆子	dòuzi	beans or peas
2. 米	mǐ	rice	6. 瓜子	guāzǐ	melon seeds
3. 花生	huāshēng	peanut	7. 钱	qián	money
4. 花生米	huāshēngmǐ	shelled peanuts			

4. Individual measure for certain persons, especially for those with special skills, or for some abstract nouns or nouns with rhetoric effect.

情　景

我姐姐干家务活儿是一**把**好手儿,她什么都会干,什么都干得很好,做饭、洗衣服,样样都行。

Wǒ jiějie gàn jiāwù huór shì yì bǎ hǎoshǒur, tā shénme dōu huì gàn, shénme dōu gàn de hěn hǎo, zuò fàn, xǐ yīfu, yàngyàng dōu xíng.

短　语

一把骨头(瘦得只剩一**把**骨头了);　一把力气(他可真有一**把**力气!);　一把劲儿(还得加一**把**劲儿);　一把力(再努一**把**力);　一把年纪(有一**把**年纪了);　一把手(他里里外外一**把**手);　一**把**能手;　一**把**好手;　一**把**火(放了一把火)

生　词

1. 干	gàn	do, work	6. 力气	lìqi	physical strength
2. 活儿	huór	work	7. 劲儿	jìnr	strength, energy
3. 好手儿	hǎoshǒur	sb. good at doing something, task master	8. 里里外外	lǐlǐwàiwài	both inside and outside the house
4. 行	xíng	capable, competent	9. 能手	néngshǒu	dab, expert
5. 骨头	gǔtou	bone, skeleton	10. 放火	fàng huǒ	set fire to

[注解]
　　Here 把 can be preceded only with the numeral 一, except for "huǒ 火".

　　5. Grip: measure for an action done with the hand.

情　景

昨天天太热了，我回到家里以后，先去擦了一把脸，然后又喝了一瓶汽水，坐下来凉快了一会儿，才吃晚饭。

Zuótiān tiān tài rè le，wǒ huídào jiāli yǐhòu，xiān qù cāle yì bǎ liǎn，ránhòu yòu hēle yì píng qìshuǐr，zuò xiàlai liángkuàile yíhuìr，cái chī wǎnfàn.

短　语

拉了他一把；　帮他一把

生　词

1. 拉　　　　lā　give a helping hand

bān 班	1. Class: group measure for an organized body for studying or working.

情　景

这（一）班学生都是学汉语的，一共有十个人，四个法国人，两个美国人，一个英国人，还有三个意大利人。

Zhè（yì）bān xuésheng dōu shì xué Hànyǔ de, yígòng yǒu shí ge rén, sì ge Fǎguórén, liǎng ge Měiguórén, yí ge Yīngguórén, hái yǒu sān ge Yìdàlì rén.

短　语

一班年轻人；　原班人马

生　词

1. 原　　　yuán　　　the original，the former

2. 人马　　rénmǎ　　personnels staff

2. A run，flight，etc.：individual measure for workers in shifts or for scheduled service of communication.

情　景

A：请问，头**班**车几点开？

B：5 点半。

A：赶早 7 点的火车来得及吗？

B：来得及。

A：末**班**车到几点？

B：到 11 点。

A：谢谢。

A：Qǐngwèn，tóu bān chē jǐ diǎn kāi?

B：Wǔ diǎn bàn.

A：Gǎn zǎo qī diǎn de huǒchē lái de jí ma?

B：Lái de jí.

A：Mò bān chē dào jǐ diǎn?

B：Dào shíyī diǎn.

A：Xièxie.

短　语

下一**班**车；下一**班**飞机；最后一**班**岗；医院的护士一般都是三**班**儿倒

生　词

1. 请问	qǐngwèn	excuse me，may I ask	4. 末	mò	last
2. 头	tóu	first	5. 岗	gǎng	sentry，post
3. 来得及	láidejí	be able to do sth. in time	6. 倒	dǎo	change，exchange

bàn(r) 瓣	Petal；segment；clove：individual measure for segment or section or division of fruits，flowers，or corns，etc.

情　景

(1) A：这儿有几瓣橘子，你吃
　　　　不吃？

　　B：你怎么不吃啊？

　　A：太酸，我吃不了。

　　B：我也怕酸。

(1) A：Zhèr yǒu jǐ bànr júzi，nǐ
　　　　chībùchī？

　　B：Nǐ zěnme bù chī a？

　　A：Tài suān，wǒ chī bù liǎo.

　　B：Wǒ yě pà suān.

(2) A：你怎么了？

　　B：我肚子疼。

　　A：你吃几瓣蒜吧。

　　B：几瓣蒜就能治病吗？

　　A：不信，你吃几瓣试试。

(2) A：Nǐ zěnme le？

　　B：Wǒ dùzi téng.

　　A：Nǐ chī jǐ bànr suàn ba.

　　B：Jǐ bànr suàn jiù néng zhì bìng
　　　　ma？

　　A：Bú xìn，nǐ chī jǐ bànr shìshi.

短　语

把梨切成四瓣儿

生　词

1. 酸	suān	sour		4. 不信	bú xìn	if you doubt my word
2. 肚子	dùzi	belly，abdomen，stomach				
3. 蒜	suàn	garlic		5. 切	qiē	cut，slice

bāng 帮

Gang; band; clique; group measure for a crowd or a group of people.

情　景

他找到了一个安静的地方,刚要坐下来看书,忽然来了一**帮**小学生,在他旁边又打又闹。他很生气,拿起书包就走了。

Tā zhǎodàole yí ge ānjìng de dìfang, gāng yào zuò xialai kàn shū, hūrán láile yì bāng xiǎoxuéshēng, zài tā pángbiān yòu dǎ yòu nào. Tā hěn shēngqì, náqǐ shūbāo jiù zǒu le.

短　语

一帮人；　一帮孩子；　一帮坏蛋；　一帮流氓

生　词

1. 书包　　shūbāo　　　satchel
2. 坏蛋　　huàidàn　　　bad egg, scoundrel
3. 流氓　　liúmáng　　　rogue, gangster

[注解]
　　See "qún 群".

bāo 包	Bundle；bale；parcel；container measure for a number of things wrapped or tied up or fixed in bundles.

情　景

(1)她走进厨房,把刚买回来的一包茶叶、一包白糖和一斤鸡蛋放在桌子上,就开始做饭了。

(1)Tā zǒujìn chúfáng, bǎ gāng mǎi huilai de yì bāo cháyè, yì bāo báitáng hé yì jīn jīdàn fàng zài zhuōzi shang, jiù kāishǐ zuò fàn le.

(2)星期天早上,她打扫完房间就洗起衣服来了。洗了一上午,才把那包脏衣服洗完。

(2)Xīngqītiān zǎoshang, tā dǎsǎo wán fángjiān jiù xǐqǐ yīfu lái le. Xǐle yí shàngwǔ, cái bǎ nà bāo zāng yīfu xǐwán.

短　语

一包大米；　一包棉花；　一包东西；　一包饼干；　一包点心；　一包烟(20支)；　一包火柴(10盒)；　一大包书

生　词

1.厨房	chúfáng	kitchen		6.饼干	bǐnggān	biscuit, cracker
2.茶叶	cháyè	tea, tealeaves		7.点心	diǎnxin	light refreshments
3.打扫	dǎsǎo	sweep, clean		8.烟	yān	cigarette
4.大米	dàmǐ	(husked)rice		9.火柴	huǒchái	match
5.棉花	miánhua	cotton				

| bēi 杯 | Cup; glass; container measure for the quantity a cup will hold. |

情　景

我每天早上都是吃两片面包，喝一**杯**牛奶，还要加一个鸡蛋。这是我多年来的习惯。

Wǒ měi tān zǎoshang dōu shì chī liǎng piàn miànbāo, hē yì bēi niúnǎi, hái yào jiā yí ge jīdàn. Zhè shì wǒ duō nián lái de xíguàn.

短　语

一杯水；一杯茶；一杯酒；再来一杯；再喝一杯；再倒一杯

生　词

1. 加	jiā	add, plus
2. 酒	jiǔ	wine, liquor, spirits
3. 倒	dào	pour

běn 本	Volume; individual measure for books or books for taking notes or keeping accounts.

情 景

上星期我朋友给我来了一封信，他让我给他买一本《汉英词典》和一本汉语语法书。我已经买好了，准备给他寄去。

Shàng xīngqī wǒ péngyou gěi wǒ láile yì fēng xìn, tā ràng wǒ gěi tā mǎi yì běn 《Hàn-Yīng Cídiǎn》 hé yì běn Hànyǔ yǔfǎshū. Wǒ yǐjīng mǎihǎo le, zhǔnbèi gěi tā jìqu.

短 语

一本书；一本杂志；一本画报；一本小说；一本字典

bǐ 笔	1. Pen: individual measure for handwriting or painting.

情　景

他觉得自己的字写得不好看，就下决心练习。每天写一两个小时，从来也不间断。中学毕业的时候，他已经能写一笔好字了。

Tā juéde zìjǐ de zì xiě de bù hǎo kàn, jiù xià juéxīn liànxí. Měitiān xiě yì liǎng ge xiǎoshí, cónglái yě bù jiànduàn. Zhōngxué bìyè de shíhòu, tā yǐjīng néng xiě yì bǐ hǎo zì le.

重要的不是知识的数量，而是知识的质量。有些人知道得很多，但却不知道最有用的东西。

短　语

一笔漂亮字；　他还能画几笔画儿

生　词

1. 决心　juéxīn　determination
2. 间断　jiànduàn　interrupt

2. Item；unit：partitive measure for a sum of money or a transaction，etc.

情　景

他们两个人攒了一**笔**钱，买了一些家具和衣服，准备明年春节结婚。然后，他们还要去南方旅行。

Tāmen liǎng ge rén zǎnle yì bǐ qián, mǎile yìxiē jiājù hé yīfu, zhǔnbèi míngnián Chūnjié jiéhūn. Ránhòu, tāmen hái yào qù nánfāng lǚxíng.

短　语

一笔收入；　一笔开支；　一笔交易；　一笔买卖；　一笔生意；　一笔款子；　一笔债；　一笔经费；　一笔财产；　一笔帐

生　词

1. 攒	zǎn	accumulate，save		7. 生意	shēngyì	trade，business
2. 家具	jiājù	furniture		8. 款子	kuǎnzi	fund，a sum of money
3. 收入	shōurù	income，revenue				
4. 开支	kāizhī	expenses，spending		9. 债	zhài	debt
				10. 经费	jīngfèi	funds
5. 交易	jiāoyì	business，transaction		11. 财产	cáichǎn	property
6. 买卖	mǎimai	business，deal，transaction		12. 帐	zhàng	account

| biàn 遍 | Once over; once through; measure for the course of an action from the beginning to the end. |

情　景

我把写好的那篇文章看了一遍，发现里边有不少错字，还有一些不通顺的句子，我又重新改了一遍。

Wǒ bǎ xiěhǎo de nà piān wén zhāng kànle yí biàn, fāxiàn lǐbian yǒu bù shǎo cuòzì, hái yǒu yìxiē bù tōngshùn de jùzi, wǒ yòu chóngxīn gǎile yí biàn.

短　语

想一遍；　说一遍；　问两遍；　听一遍；　写两遍；　学一遍；　复习一遍；　预习一遍

生　词

| 1. 通顺 | tōngshùn | smooth, clear and coherent |
| 2. 重新 | chóngxīn | again |

| bù 部 | 1. Set: individual measure for films, a set of books, or for one-volume works, etc. |

情　景

那几**部**新电影我都看过了。我觉得很好，故事很有意思，演员演得也不错。

Nà jǐ bù xīn diànyǐng wǒ dōu kànguò le. Wǒ juéde hěn hǎo, gùshi hěn yǒu yìsi, yǎnyuán yǎn de yě búcuò.

短　语

一部书；　一部小说；　一部词典

2. Individual measure for vehicles, machines, telephones, etc.

情　景

过去，这条街上公用电话很少，打电话非常不方便。今年新安了几**部**电话，打电话比以前方便多了。

Guòqù, zhè tiáo jiē shang gōngyòng diànhuà hěn shǎo, dǎ diànhuà fēicháng bù fāngbiàn. Jīnnián xīn ānle jǐbù diànhuà, dǎ diànhuà bǐ yǐqián fāngbiàn duō le.

短　语

一部汽车；　一部机器

生　词

| 1. 公用 | gōngyòng | public |
| 2. 安 | ān | install |

| cè 册 | Volume: individual measure for books especially one of a set of books, periodicals, etc. |

情　景

(1)这个图书馆是全市最大的图书馆，一共有 200 多万**册**书。中文书占 60%，外文书占 40%。每天都有很多人到这儿来看书。

（1）Zhège túshūguǎn shì quánshì zuì dà de túshūguǎn, yígòng yǒu èrbǎi duō wàn cè shū. Zhōngwénshū zhàn bǎi fēn zhī liùshí, wàiwénshū zhàn bǎi fēn zhī sìshí. Měi tiān dōu yǒu hěn duō rén dào zhèr lái kàn shū.

(2)《基础汉语》一共有 100 课,分上、下两**册**。上**册**从第 1 课到第 50 课,下**册**从第 51 课到第 100 课。每**册**学一个学期,两**册**共一年学完。

（2）《Jīchǔ Hànyǔ》yígòng yǒu yìbǎi kè, fēn shàng, xià liǎng cè. Shàngcè cóng dì-yī kè dào dì-wǔshí kè, xiàcè cóng dì-wǔshíyī kè dào dì-yìbǎi kè. Měi cè xué yí ge xuéqī, liǎng cè gòng yì nián xuéwán。

短　语

一册帐簿(本)；　一册集邮簿

生　词

1. 帐簿(本)　zhàngbù (běn)　　account book
2. 集邮簿　　jíyóubù　　　　　stamp album

[注解]

Identical to "běn 本", 册 is generally used to express one book of a set.

| céng 层 | 1. Storey; tier; overlapping: partitive measure for the storeys of a building, or for things having a certain thickness often made up of several tiers, or for people located one behind the other or one above the other. |

情　景

我家住在 8 层楼上，平时，上楼下楼都坐电梯。前天，电梯突然出了毛病，我只好一层一层地往上爬。

Wǒ jiā zhùzài bā céng lóu shang, píngshí, shàng lóu xià lóu dōu zuò diàntī. Qiántiān, diàntī tūrán chūle máobìng, wǒ zhǐhǎo yì céng yì céng de wǎng shàng pá.

短　语

双层窗；　一层纱窗；　一层玻璃；　五层台阶；　两层院子；　这座楼有十层；　那个塔有十五层；　双层床

生　词

1.平时	píngshí	at ordinary times	6.台阶	táijiē	steps (of a stair-case)	
2.电梯	diàntī	lift, elevator				
3.毛病	máobìng	trouble	7.院子	yuànzi	courtyard	
4.纱窗	shāchuāng	window screen	8.塔	tǎ	tower	
5.玻璃	bōli	glass				

2. Layer：partitive measure for an outer covering.

情　景

河里刚冻上一层冰，几个孩子就在上边跑来跑去。过路的人看到了，大声地喊："危险！快上来！"

Hé li gāng dòngshang yì céng bīng, jǐ ge háizi jiù zài shàngbiān pǎolái pǎoqù. Guòlù de rén kàndào le, dàshēng de hǎn："Wēixiǎn! Kuài shànglai!"

短　语

一层皮；　一层土；　一层灰；　一层油；　一层薄膜

生　词

1.	冻	dòng	freeze	5.	土	tǔ	soil, dust, dirt
2.	过路	guòlù	pass by on one's way	6.	灰	huī	ash, dust
				7.	油	yóu	oil
3.	危险	wēixiǎn	danger	8.	薄膜	bómó	film
4.	皮	pí	cover, skin				

| cháng 场 | 1. Individual measure for the process or course of occurring. |

情　景

（1）她原来是个胖子，得了那**场**大病以后，瘦多了。前天在路上见到她，我都不认识了。

（1）Tā yuánlái shì ge pàngzi, déle nà cháng dà bìng yǐhòu, shòu duō le. Qiántiān zài lù shang jiàndào tā, wǒ dōu bú rènshi le.

（2）早上出去的时候，天气很好。到了中午，突然下了一**场**大雨。我也没带雨伞，结果全身都淋湿了。

（2）Zǎoshang chūqù de shíhou, tiānqì hěn hǎo. Dàole zhōngwǔ, tūrán xiàle yì cháng dà yǔ. Wǒ yě méi dài yǔsǎn, jiéguǒ quán shēn dōu línshī le.

短　语

一场雪；　一场灾难；　一场风波；　一场争论；　一场战争；　一场斗争；　一场空；　一场梦；
一场大火；　一场官司；　一场误会；　发了一场大水

生　词

1. 淋	lín	pour, drench	6. (一场)空	(yìcháng)	all in vain, futile
2. 湿	shī	wet, humid		kōng	
3. 灾难	zāinàn	suffering,	7. 官司	guānsi	lawsuit
		calamity	8. 误会	wùhuì	misunderstanding
4. 风波	fēngbō	disturbance	9. 发大水	fā dàshuǐ	get flooded
5. 争论	zhēnglùn	dispute			

2. Measure for the course of certain actions.

情　景

他跟祖父很有感情。前天接到
家里来信,说祖父去世了。他非常
难过,大哭了一场,连饭都没吃。

Tā gēn zǔfù hěn yǒu gǎnqíng.
Qiántiān jiēdào jiāli lái xìn, shuō zǔfù
qùshì le. Tā fēicháng nánguò, dà kūle
yì cháng, lián fàn dōu méi chī.

短　语

闹了一场；　干了一场

生　词

1. 祖父	zǔfù	grandfather	2. 去世	qùshì	pass away, die

chǎng 场	Individual measure for recreational or physical activities.

情 景

A：5号运动员在这**场**比赛中踢得 最好。

B：我看，要不是守门员扑救及时， 他们这**场**球也赢不了。

A：Wǔ hào yùndòngyuán zài zhè chǎng bǐsài zhōng tī de zuì hǎo.

B：Wǒ kàn, yào bú shì shǒuményuán pūjiù jíshí, tāmen zhè chǎng qiú yě yíng bù liǎo.

短 语

一场电影； 一场话剧； 一场戏； 一场(篮/排/足/乒乓)球； 一场比赛

生 词

1. 守门员　　shǒuményuán　　goalkeeper
2. 扑救　　　pūjiù　　　　　　pounce on the ball

chū 出	Dramatic piece: individual measure for the whole performance of plays for the theater.

情 景

这**出**戏是根据历史故事重新改编的。演员们正在加紧排练,准备春节时演出。

Zhè chū xì shì gēnjù lìshǐ gùshi chóngxīn gǎibiān de. Yǎnyuánmen zhèngzài jiājǐn páiliàn, zhǔnbèi Chūnjié shí yǎnchū.

短 语

一出京剧; 一出喜剧; 一出悲剧

生 词

1. 根据	gēnjù	according to, on the basis of	4. 排练	páiliàn	rehearse
2. 改编	gǎibiān	adapt, rearrange	5. 演出	yǎnchū	perform, show
3. 加紧	jiājǐn	step up, hasten	6. 喜剧	xǐjù	comedy
			7. 悲剧	bēijù	tragedy

chù 处	Individual measure for particular part of space occupied by somebody or something.

情 景

父亲死后给我们留下了两**处**房子，一**处**在北京，一**处**在上海。北京的这**处**房子我们自己住，上海的那**处**房子租给了别人。

Fùqin sǐ hòu gěi wǒmen liúxiàle liǎng chù fángzi, yí chù zài Běijīng, yí chù zài Shànghǎi. Běijīng de zhè chù fángzi wǒmen zìjǐ zhù, Shànghǎi de nà chù fángzi zūgěile biéren.

短 语

一**处**寺院； 身上有好几**处**伤； 几**处**名胜

生 词

1. 租　　zū　　　　rent out
2. 寺院　sìyuàn　　temple, monastery

| chuàn 串 | String: group measure for a number of things of the same kind growing or attached closely together. |

情 景

(1)我的钥匙不小心锁在房间里了。我很着急,就向邻居借了一**串**钥匙,想试试看能不能开开,结果一把也开不开。

(1) Wǒ de yàoshi bù xiǎoxīn suǒ zài fángjiān li le. Wǒ hěn zháojí, jiù xiàng línjū jièle yí chuàn yàoshi, xiǎng shìshi kàn néng bù néng kāikai, jiéguǒ yì bǎ yě kāi bù kāi.

(2)我家院子里有一架葡萄,每年都果实累累。可不知为什么,今年一**串**也没结。

(2) Wǒ jiā yuànzi li yǒu yí jià pútao, měi nián dōu guǒshí lěilěi. Kě bù zhī wèi shénme, jīnnián yí chuàn yě méi jiē.

短 语

一**串**珠子; 一**串**糖葫芦; 一**串**烤羊肉; 说了一大**串**话; 传出一**串**笑声

生 词

1. 邻居	línjū	neighbour	4. 珠子	zhūzi	pearl, bead
2. 葡萄	pútao	grape	5. 糖葫芦	tánghúlu	sugarcoated haws on a stick
3. 果实累累	guǒshí lěilěi	fruit growing in close clusters hanging heavy on the trees	6. 烤	kǎo	bake, roast
			7. 羊肉	yángròu	mutton

chuáng 床　Individual measure for quilt, sheet, etc.

情　景

她感冒了,有点发烧。盖着一床很厚的棉被还觉得冷,我又给她盖了一床,她才慢慢地睡着了。

Tā gǎnmào le, yǒu diǎn fāshāo. Gàizhe yì chuáng hěn hòu de miánbèi hái jué de lěng, wǒ yòu gěi tā gàile yì chuáng, tā cái mànmān de shuìzháo le.

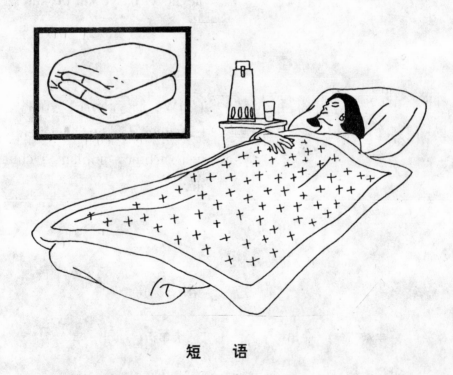

短　语

一床褥子；　一床被

生　词

1. 盖(被)	gài (bèi)	cover (with a quilt)
2. 棉被	miánbèi	a quilt made of cotton batting
3. 褥子	rùzi	cotton-padded mattress
4. 被	bèi	quilt

| cì 次 | 1. Time：individual measure for the number of repetitions in a given period of time. |

情　景

这**次**到南方去旅行，我们走了很多地方。玩得很好，吃、住也很舒服。大家对这**次**旅行都比较满意。

Zhè cì dào nánfāng qù lǚxíng, wǒmen zǒule hěn duō dìfang. Wánr de hěn hǎo, chī, zhù yě hěn shūfu. Dàjiā duì zhè cì lǚxíng dōu bǐjiào mǎnyì.

短　语

一**次**试验；　一**次**事故；　一**次**手术；　一**次**战争；　一**次**革命；　一**次**经济危机；　一**次**改革

生　词

1. 试验　　shìyàn　　trial, experiment
2. 事故　　shìgù　　accident
3. 经济危机　jīngjì wēijī　economic crisis
4. 改革　　gǎigé　　reform

2. Measure for number of times an action is taken.

情　景

昨天我到他宿舍去了两**次**他都不在，今天我又去了一**次**，他还不在。后来我才知道，一个月以前他就出国了。

Zuótiān wǒ dào tā sùshè qùle liǎng cì tā dōu bú zài, jīntiān wǒ yòu qùle yí cì, tā hái bú zài. Hòulái wǒ cái zhīdào, yí ge yuè yǐqián tā jiù chū guó le.

短　语

去一**次**；　来一**次**；　看一**次**；　吃一**次**；　研究了三**次**；　进了一**次**城；　见了两**次**面；　听了几**次**课

A group (e.g., of trees, bushes or shrubs); group measure for a group or cluster of flowers and plants.

情 景

春天,马路两边一**丛丛**的小树开满了各种颜色的鲜花,有粉的,有黄的,还有白的,非常好看。

Chūntiān, mǎlù liǎngbiān yì cóngcóng de xiǎo shù kāimǎnle gè zhǒng yánsè de xiānhuā, yǒu fěn de, yǒu huáng de, hái yǒu bái de, fēicháng hǎo kàn.

短 语

一**丛**灌木; 一**丛**草; 一**丛**牡丹花

生 词

1. 粉	fěn	pink	3. 草	cǎo	grass
2. 灌木	guànmù	bush	4. 牡丹花	mǔdānhuā	peony

| cù 簇 | Clump; cluster: group measure for any configuration of elements occurring closely together. |

情 景

她是一个很喜欢花儿的人，她的花瓶里总插着一簇鲜花。每次进她的屋子都能闻到一股香味儿。

Tā shì yí ge hěn xǐhuan huār de rén, tā de huāpíng li zǒng chāzhe yí cù xiānhuā. Měi cì jìn tā de wūzi dōu néng wéndào yì gǔ xiāngwèir.

短 语

一簇野花； 几簇竹子

生 词

1. 花瓶   huāpíng   flower vase
2. 香味儿   xiāngwèir   fragrance, sweet smell

| cuō(r) 撮 | Pinch；handful；partitive measure for a small amount or number of things gathered together. It is derogatory when used for people. |

情　景

(1)昨天下午,我们在办公室打扫卫生,有人擦玻璃,有人扫地。当我们收拾完要走的时候,突然发现地上还有一小撮垃圾没撮走。

（1）Zuótiān xiàwǔ, wǒmen zài bàngōngshì dǎsǎo wèishēng, yǒu rén cā bōli, yǒurén sǎo dì. Dāng wǒmen shōushi wán yào zǒu de shíhou, tūrán fāxiàn dì shang hái yǒu yì xiǎo cuōr lājī méi cuōzǒu.

(2)那一小撮流氓干了坏事刚要逃跑,就被警察抓住了。警察把他们推到汽车里带到派出所去了。

（2）Nà yì xiǎo cuōr liúmáng gànle huàishì gāng yào táopǎo, jiù bèi jǐngchá zhuāzhù le. Jǐngchá bǎ tāmen tuīdào qìchē lǐ dàidào pàichūsuǒ qù le.

短　语

一撮土；　一撮干树叶；　一撮废纸；　一小撮坏蛋；　一撮茶叶；　一撮烟灰

生　词

1. 卫生	wèishēng	hygiene, sanitation	5. 逃跑	táopǎo	escape
2. 收拾	shōushi	put in order, tidy up	6. 警察	jǐngchá	police
3. 垃圾	lājī	garbage, refuse	7. 派出所	pàichūsuǒ	local police station
			8. 树叶	shùyè	leaf
4. 撮 [动]	cuō	scoop up	9. 废纸	fèizhǐ	waste paper

dá(r) 沓

Pad；wad；group measure for numbers of sheets lying one upon another.

情　景

(1)那个售票员把数好的几**沓**钱放在皮包里,等着另外一个售票员上车来接她的班。

(1)Nàge shòupiàoyuán bǎ shǔhǎo de jǐ dár qián fàngzài píbāo lǐ, děngzhe lìngwài yíge shòupiàoyuán shàng chē lái jiē tā de bān.

(2)他好久没收到爱人的信了,非常着急。今天看见邮递员手里拿着一**沓**信,他很高兴。但是,还是没有他的,他又失望了。

(2)Tā hǎojiǔ méi shōudào àirén de xìn le, fēicháng zháojí. Jīntiān kànjiàn yóudìyuán shǒu lǐ názhe yì dár xìn, tā hěn gāoxìng. Dànshì, háishì méi yǒu tā de, tā yòu shīwàng le.

短 语

一沓纸； 一沓信纸； 一沓信封

生 词

1.	售票员	shòupiàoyuán	conductor	4.	失望	shīwàng
2.	皮包	píbāo	leather handbag			lose hope； disappointed
3.	邮递员	yóudìyuán	postman			

| dài 袋 | Bag；sack；container measure for things put into a bag, such as cotton, flour, etc. |

情　景

明天你们出去玩,最好带上几**袋**饼干、几个面包、几个鸡蛋,再带一点儿水果。这样就可以来个简单的野餐了。

Míngtiān nǐmen chūqù wán, zuì hǎo dàishang jǐ dài bǐnggān, jǐ ge miànbāo, jǐ ge jīdàn, zài dài yìdiǎnr shuǐguǒ. Zhèyàng jiù kěyǐ lái ge jiǎndān de yěcān le.

短　语

一**袋**面粉；　一**袋**粮食；　一**袋**牛奶糖

生　词

| 1. 饼干 | bǐnggān | biscuit | 3. 简单 | jiǎndān | simple |
| 2. 面粉 | miànfěn | flour | 4. 野餐 | yěcān | picnic |

情　景

(1)这房子有很多年没修理了。西
边的墙裂了一**道**大缝,东边的墙也
坏了,很危险,不能再住人了。

(1)Zhè fángzi yǒu hěn duō nián méi xiūlǐ le. Xībian de qiáng lièle yí dào dà fèng，dōngbian de qiáng yě huài le，hěn wēixiǎn，bù néng zài zhù rén le.

(2)那个男孩子又爬到树上去玩了,
脸上手上让树枝划了好几**道**口子也
不知道疼。

(2)Nàge nánháizi yòu pádào shù shang qù wánr le，liǎn shang shǒu shang ràng shùzhī huále hǎo jǐ dào kǒuzi yě bù zhīdào téng.

(3)前边开来一辆汽车,汽车的两道灯光太亮了,晃得我们什么也看不见,只好停下来等它开过去。

（3）Qiánbian kāilái yí liàng qìchē, qìchē de liǎng dào dēngguāng tài liàng le, huǎng de wǒmen shénme yě kàn bú jiàn, zhǐ hǎo tíng xiàlai děng tā kāi guoqu.

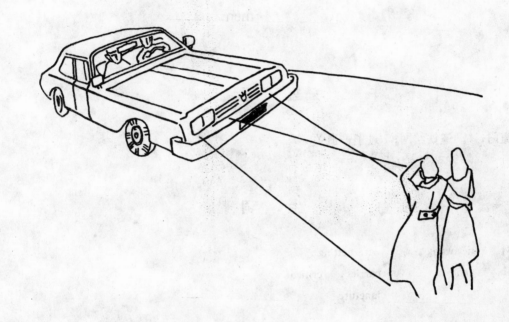

短　语

一道光；　几道皱纹；　两道眉毛

生　词

1. 裂	liè	crack, split	6. 灯光	dēngguāng	lamplight
2. 缝	fèng	crevice	7. 亮	liàng	bright
3. 树枝	shùzhī	branch (of a tree)	8. 晃	huǎng	dazzle
4. 划	huá	scratch	9. 光	guāng	light
			10. 皱纹	zhòuwén	wrinkles
5. 口子	kǒuzi	cut, opening	11. 眉毛	méimao	eyebrow

2. Individual measure for wall, fence, door, etc.

情　景

东边那座楼和西边那座楼中间有一**道**墙。为了出来进去方便，最近，在那**道**墙上开了一个小门。

Dōngbian nà zuò lóu hé xībian nà zuò lóu zhōngjiān yǒu yí dào qiáng. Wèile chūlái jìnqù fāngbiàn, zuìjìn, zài nà dào qiángshang kāile yí ge xiǎo mén.

短　语

一**道**门；　一**道**铁丝网；　过了一**道**关

生　词

1. 铁丝网　　tiěsīwǎng　　　wire netting
2. 关　　　　guān　　　　　barrier, critical juncture

3. Individual measure for orders, question, procedures, etc.

情　景

妈妈发现女儿从学校回来以后很不高兴，就问她怎么了。女儿说："今天的考试我考坏了，答错了好几**道**题。"

Māma fāxiàn nǚ'ér cóng xuéxiào huílai yǐhòu hěn bù gāoxìng, jiù wèn tā zěnme le. Nǚ'ér shuō: "Jīntiān de kǎoshì wǒ kǎohuài le, dácuòle hǎo jǐ dào tí."

<h1>短　语</h1>

一道命令；　一道工序；　一道手；　一道手续

<h1>生　词</h1>

1. 工序　　　gōngxù　　　　working　proce-
　　　　　　　　　　　　　dure
2. 手续　　　shǒuxù　　　　procedures,　for-
　　　　　　　　　　　　　malities

4. Individual measure for a course of dishes or for a coat of paint, etc.

<h1>情　景</h1>

这桌酒席很丰盛,上了一**道**菜
又一**道**菜,我们只喝酒吃菜就饱
了,后来的米饭都没人吃了。

Zhè zhuō jiǔxí hěn fēngshèng,
shàngle yí dào cài yòu yí dào cài,
wǒmen zhǐ hē jiǔ chī cài jiù bǎo le,
hòulái de mǐfàn dōu méi rén chī le.

短　语

上了两道漆

生　词

1. 酒席　　　jiǔxí　　　　　feast
2. 漆　　　　qī　　　　　　lacquer，paint

dī 滴	Drop：partitive measure for a small round or pear-shaped blob of liquid, usually falling.

情　景

我眼睛里刮进一粒沙子，出不来了。后来到了医院，护士给我点了几滴眼药才出来。

Wǒ yǎnjīng lǐ guājìn yí lì shāzi, chū bù lái le. Hòulái dàole yīyuàn, hùshì gěi wǒ diǎnle jǐ dī yǎnyào cái chūlai.

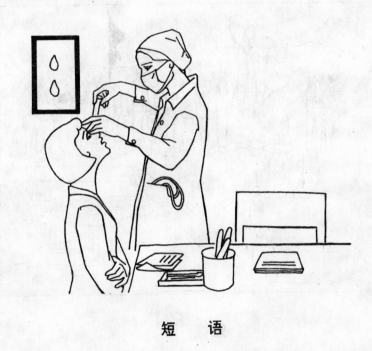

短　语

一滴眼泪；　一滴汗；　一滴水；　一滴血

生　词

1. 沙子　shāzi　sand, grit
2. 眼药　yǎnyào　medicament for the eyes, eyedrops
3. 眼泪　yǎnlèi　tears
4. 血　xiě　blood

| diǎn 点 | Partitive measure for point, item, piece, etc. |

情 景

我觉得冬天游泳有两点好处：第一，可以增强体质；第二，可以锻炼意志。

Wǒ juéde dōngtiān yóuyǒng yǒu liǎng diǎn hǎochu：dì — yī，kěyǐ zēngqiáng tǐzhì；dì—èr，kěyǐ duànliàn yìzhì.

短 语

一点意见； 两点注意事项； 几点建议

生 词

1. 增强	zēngqiáng	strengthen	3. 意志	yìzhì	will
2. 体质	tǐzhì	physique, constitution	4. 事项	shìxiàng	item, matter
			5. 建议	jiànyì	suggestion

dǐng 顶

Individual measure for things that have a cap, a cover, etc.

情 景

她戴了一**顶**新帽子，我们大家都很喜欢，问她是在哪儿买的，她说，不是买的，是别人送的。

Tā dàile yì dǐng xīn màozi, wǒmen dàjiā dōu hěn xǐhuan, wèn tā shì zài nǎr mǎi de, tā shuō, bú shì mǎi de, shì biérén sòng de.

短 语

一顶蚊帐；一顶帐篷

生 词

1. 蚊帐　　wénzhàng　　mosquito net
2. 帐篷　　zhàngpeng　　tent

dòng 栋

Individual measure for house or other structure.

情　景

这几**栋**楼都是新盖的，前边那三**栋**已经住进人了，后边那两**栋**还没盖完。

Zhè jǐ dòng lóu dōu shì xīn gài de, qiánbian nà sān dòng yǐjīng zhù jìn rén le, hòubian nà liǎng dòng hái méi gàiwán.

短　语

一**栋**楼房；　一**栋**房子

生　词

1. 楼房　　lóufáng　　a building of two or more storeys

2. 房子　　fángzi　　house

| dǔ 堵 | Individual measure for something built of stone , brick , plaster , wood etc. , and that is used to separate off or enclose something. |

情　　景

那个坏人跑了,人们在后边追他。他想从小路逃走,结果被前面一**堵**墙给挡住了,这时,大家追了上来,把他抓住带走了。

Nàge huàirén pǎo le, rénmen zài hòubian zhuī tā. Tā xiǎng cóng xiǎo lù táozǒu, jiéguǒ bèi qiánmian yì dǔ qián gěi dǎngzhù le, zhèshí, dàjiā zhuīle shànglai, bǎ tā zhuāzhù dàizǒu le.

生　　词

1. 挡　　　dǎng　　　block , get in the way of

[注解]

一堵墙 is an alternative form of 一道墙. 一堵墙 generally implies "getting in the way", while 一道墙 indicates a wall which is long, sometimes for partition.

dùzi 肚子

Belly；abdomen；temporary measure for abstract or material nouns.

情　景

我今天骑自行车进城去买东西，喝了一**肚子**凉风。回来以后就肚子疼，喝了两杯热水才好。

Wǒ jīntiān qí zìxíngchē jìn chéng qù mǎi dōngxi，hēle yí dùzì liángfēng. Huílái yǐhòu jiù dùzi téng，hēle liǎng bēi rè shuǐ cái hǎo.

短　语

一**肚子**不高兴；　一**肚子**委屈；　一**肚子**牢骚；　一**肚子**气；　一**肚子**水；　一**肚子**啤酒；　一**肚子**话；　满**肚子**学问

生　词

1. 委屈	wěiqu	grievance	4. 学问	xuéwen	learning，knowl-
2. 牢骚	láosāo	complaint			edge
3. 啤酒	píjiǔ	beer			

[注解]
　　肚子 is used only with the numeral 一 or "mǎn 满", and is sometimes followed by abstract nouns.

| duàn 段 | 1. Section; (short) length: partitive measure for a part cut from something, the resulting shape being long and narrow. |

情　景

昨天夜里下了一场大雨。听说有一**段**铁轨被大雨冲坏了,正在抢修。所以,这条线路上的火车要晚点几个钟头。

Zuótiān yèli xiàle yì cháng dà yǔ. Tīng shuō yǒu yí duàn tiěguǐ bèi dà yǔ chōnghuài le, zhèngzài qiǎngxiū. Suǒyǐ, zhèi tiáo xiànlù shàng de huǒchē yào wǎn diǎn jǐ ge zhōngtóu.

一**段**管子；　一**段**绳子；　一**段**铁丝

生　词

1.铁轨	tiěguǐ	rail		3.管子	guǎnzi	tube
2.抢修	qiǎngxiū	do rush repairs		4.绳子	shéngzi	rope

2. Partitive measure for a length or portion of time, or distance.

情　景

（1）大夫说："不要着急,你的病刚好,不能马上就去上班,还应该再休息一**段**时间。"

（1）Dàifu shuō："Bú yào zháojí, nǐ de bìng gāng hǎo, bù néng mǎshàng jiù qù shàng bān, hái yīnggāi zài xiūxi yí duàn shíjiān."

（2）我下了火车一打听,离我要去的那个旅馆还有一**段**路,我只好叫了一辆出租汽车。

（2）Wǒ xiàle huǒchē yì dǎting, lí wǒ yào qù de nàge lǚguǎn hái yǒu yí duàn lù, wǒ zhǐhǎo jiàole yí liàng chūzū qìchē.

短　语

一**段**时间；　一**段**路程；　一**段**距离；　一**段**经历

生 词

1. 上班	shàngbān	go to work	3. 距离	jùlí	distance
2. 路程	lùchéng	distance travelled	4. 经历	jīnglì	experience

3. Partitive measure for something smaller than the whole.

情 景

他们两个人说的那**段**相声很短，一共才说了 5 分钟，但是非常有意思，没有一个人听了不笑的。

Tāmen liǎng ge rén shuō de nà duàn xiàngsheng hěn duǎn, yígòng cái shuōle wǔ fēnzhōng, dànshì fēicháng yǒu yìsi, méi yǒu yí ge rén tīngle bú xiào de.

短　语

　　一段话；　一段评书；　一段文章；　一段戏；　一段音乐；　一段事迹；　一段事情；　一段回忆

生　词

1. 相声　　xiàngsheng　　comic dialogue
2. 评书　　píngshū　　storytelling（by a professional storyteller）
3. 事迹　　shìjī　　deed，achievement
4. 回忆　　huíyì　　recall；recollections

| duī 堆 | Heap；pile；crowd；partitive measure for a number of people gathered together，or a mass of things or materials piled up. |

情　景

下课铃响了,孩子们都跑到操场上去玩,有的打雪仗,有的滚雪球,还有几个把操场中间那**堆**雪堆成了一个大雪人。

Xiàkèlíng xiǎng le，háizimen dōu pǎodào cāochǎng shang qù wánr，yǒu de dǎ xuězhàng，yǒu de gǔn xuěqiú，hái yǒu jǐ ge bǎ cāochǎng zhōngjiān nà duī xuě duīchéngle yí ge dà xuěrén.

短　语

一堆人；　一堆土；　一堆石头；　一堆东西；　一堆衣服；　一堆书；　一堆肥料；　一堆落叶

生　词

1. 铃	líng	bell
2. 响	xiǎng	ring
3. 打雪仗	dǎ xuězhàng	have a snowball fight
4. 滚雪球	gǔn xuěqiú	roll a snowball
5. 堆雪人	duī xuěrén	make a snowman (by children for amusement)
6. 肥料	féiliào	fertilizer, manure

duì 对	Pair: group measure for two persons or things seen together or associated (especially for things that usually exist or are used in couples, such as gloves, shoes, eyes, etc.)

情　景

这一**对**老夫妻结婚已经五十年了。今天是他们的金婚纪念日，很多朋友都来向他们祝贺。

Zhè yí duì lǎo fūqī jiéhūn yǐjīng wǔshí nián le. Jīntiān shì tāmen de jīnhūn jìniànrì, hěn duō péngyou dōu lái xiàng tāmen zhùhè.

短　语

一对枕头； 一对花瓶； 一对大眼睛

生　词

1. 夫妻	fūqī	man and wife	3. 金婚	jīnhūn	golden wedding
2. 祝贺	zhùhè	congratulate			(anniversary)
			4. 枕头	zhěntou	pillow

dùn	顿

1. Individual measure for regular meals, or any occasion of eating food.

情　景

A：这**顿**饭你一共花了多少钱？

B：十五块六(毛)。

A：怎么那么贵？

B：这还算便宜的。上次那**顿**饭花了二十多块呢！

A：Zhè dùn fàn nǐ yígòng huāle dōushao qián?

B：Shíwǔ kuài liù (máo).

A：Zěnme nàme guì?

B：Zhè hái suàn piányì de. Shàng cì nà dùn fàn huāle èrshí duō kuài ne!

短　语

一顿早(午/晚)饭；　一顿夜宵

生　词

1. 夜宵　　yè xiāo　　refreshments taken late at night

2. Measure for verbs for criticizing, reprimanding, or abusing.

情　景

昨天夜里，他一个人出去喝酒，都快12点了才回来。他爱人开开门以后，很生气地说了他一**顿**。

Zuótiān yèli, tā yí ge rén chūqù hē jiǔ, dōu kuài shí'èr diǎn le cái huílai. Tā àiren kāikai mén yǐhòu, hěn shēngqì de shuōle tā yí dùn.

短　语

批评一顿；打一顿；骂一顿；吵一顿；受了一顿气

生　词

1.受气　　　shòu qì　　　be bullied

[注解]
顿 is used chiefly in a derogatory sense.

Individual measure for flowers, clouds, etc.

情　景

她养了十几年花儿，很有经验。她养的花儿都长得那么好。你看！那几**朵**花开得多可爱、多漂亮啊！

Tā yǎngle shíjǐ nián huār, hěn yǒu jīngyàn. Tā yǎng de huār dōu zhǎng de nàme hǎo. Nǐ kàn! Nà jǐ duǒ huā kāi de duō kě'ài, duō piàoliang a!

短　语

一朵白云；　一朵云彩；　一朵棉花

生　词

1. 养	yǎng	grow		3. 云彩	yúncai	cloud
2. 白云	báiyún	white clouds		4. 棉花	miánhuā	cotton

fā 发

Individual measure for the number of bullets, shells, etc.

情　景

他今天第一次打靶，五**发**子弹，打中了一**发**，他很高兴。他觉得打靶也不太难，只要多练习，就能掌握。

Tā jīntiān dì-yī cì dǎbǎ, wǔ fā zǐdàn, dǎzhòngle yì fā, tā hěn gāoxìng. Tā juéde dǎbǎ yě bú tài nán, zhǐyào duō liànxí, jiù néng zhǎngwò.

短　语

一**发**炮弹

生　词

1. 打靶　　dǎ bǎ　　　shooting practice
2. 子弹　　zǐdàn　　　bullet
3. 炮弹　　pàodàn　　　shell, cartridge

— 56 —

| fān 番 | 1. Once over: individual measure for the course of any action which takes time and energy. |

情　景

(1) A：你汉语说得真好，一定下了一**番**苦功吧。

　　B：也没下什么苦功。

　　A：那你怎么学得那么好呢？

　　B：因为我母亲是中国人。

　　A：噢！怪不得呢！

(1) A：Nǐ Hànyǔ shuō de zhēn hǎo, yí dìng xiàle yì fān kǔgōng ba.

　　B：Yě méi xià shénme kǔgōng.

　　A：Nà nǐ zěnme xué de nàme hǎo ne?

　　B：Yīnwèi wǒ mǔqin shì Zhōngguórén.

　　A：Ò! Guàibude ne!

(2) 他看了那个电影以后，想起了从前他的女朋友和他分手时说的那**番**话，心里又难过起来了。

(2) Tā kànle nàge diànyǐng yǐhòu, xiǎng qǐle cóngqiáng tā de nǚ péngyou hé tā fēnshǒu shí shuō de nà fān huà, xīnlǐ yòu nánguò qǐlái le.

短　语

一番心血；　一番心思；　一番唇舌；　一番口舌；　一番工夫；　一番周折；　三番五次

生　词

1. 苦功	kǔgōng	hard work, painstaking effort	6. 心思	xīnsi	(do) a lot of thinking
2. 噢	ò	oh	7. 唇舌	chúnshé	words, argument
3. 怪不得	guàibude	so that's why	8. 口舌	kǒushé	(a lot of) talking
4. 分手	fēnshǒu	say good—bye	9. 工夫	gōngfu	a lot of work
5. 心血	xīnxuè	painstaking care	10. 周折	zhōuzhé	setbacks

2. Kind: individual measure for kindness, flavour, field of activity, etc.

情 景

你生活上有困难,他来帮助你,完全是出于一番好心,没有别的意思,你不要误会。

Nǐ shēnghuó shang yǒu kùnnan, ta lái bāngzhù nǐ, wánquán shì chū yú yì fān hǎoxīn, méi yǒu bié de yìsi, nǐ bú yào wùhuì.

短 语

一番心意; 一番好意; 一番天地; 一番风味; 一番风光; 一番景色; 一番滋味

生 词

1. 好心	hǎoxīn	good intention	5. 风味	fēngwèi	special flavour
2. 心意	xīnyì	regard, kindly feelings	6. 风光	fēngguāng	sight, view
			7. 景色	jǐngsè	scenery, view
3. 好意	hǎoyì	good intention, kindness	8. 滋味	zīwèir	taste, flavour
4. 天地	tiāndì	field of activity, scope of operation			

[注解]
Here 番 can be preceded only by the numeral 一.

3. Measure for certain actions.

情 景

这个星期天,我把屋子又重新布置了一番。现在看起来比以前好多了,住起来也比以前舒服多了。

Zhège xīngqītiān, wǒ bǎ wūzi yòu chóngxīn bùzhìle yì fān. Xiànzài kàn qilai bǐ yǐqián hǎo duō le, zhù qilai yě bǐ yǐqián shūfu duō le.

短　语

打量一番；　研究一番；　解释一番；　整顿一番

生　词

1. 打量　dǎliàng　measure with the eye, size up

2. 解释　jiěshì　explain

3. 整顿　zhěngdùn　rectify, reorganize

[注解]

Here again 番 can be preceded only by the numeral 一.

| fēn 分 | Partitive measure for one-tenth of the whole. |

情　景

(1)有人说七**分**人才,三**分**打扮;也有人说三**分**人才,七**分**打扮。我看怎么说都有道理。

（1）Yǒu rén shuō qī fēn réncái, sān fēn dǎbàn; yě yǒu rén shuō sān fēn réncái, qī fēn dǎbàn. Wǒ kàn zěnme shuō dōu yǒu dàolǐ.

(2)她基础很好,平时考试成绩也不错。最近,又把每门功课从头复习了一遍。她觉得这次考大学有八九**分**把握了。

（2）Tā jīchǔ hěn hǎo, píngshí kǎoshì chéngjī yě búcuò. Zhuìjìn, yòu bǎ měi mén gōngkè cóng tóu fùxíle yí biàn. Tā jué de zhè cì kǎo dàxué yǒu bā-jiǔ fēn bǎwò le.

短　语

几**分**成绩;　几**分**错误

生　词

1.打扮	dǎban	dress up, make up
2.把握	bǎwò	assurance, certainty
3.成绩	chéngjī	result, success, achievement

fèn(r) 份

1. Partitive measure for part or division of things associated.

情　景

今天是她儿子 5 岁的生日, 她下了班就去商店了。在那儿, 她给儿子买了一**份**礼物, 就高高兴兴地回家了。

Jīntiān shì tā érzi wǔ suì de shēngrì, tā xiàle bān jiù qù shāngdiàn le. Zài nàr, tā gěi érzi mǎile yí fènr lǐwù, jiù gāogāo-xìngxìng de huí jiā le.

短　语

一份饭菜;　一份点心;　两份饭;　一份快餐

生　词

1. 下班　　xià bān　　come or go off work
2. 礼物　　lǐwù　　gift, present

2. Partitive measure for newspapers, periodicals, documents, etc.

情　景

那位老教授退休以后,订了一**份**英文报纸和一**份**英文杂志。每天一边喝茶,一边看报,他认为这是一种很好的休息。

Nà wèi lǎo jiàoshòu tuìxiū yǐhòu, dìngle yí fènr Yīngwén bàozhǐ hé yí fènr Yīngwén zázhì. Měi tiān yìbiān hē chá, yìbiān kàn bào, tā rènwéi zhèshì yì zhǒng hěn hǎo de xiūxi.

短　语

一份文件；　一份材料；　一份工资

生　词

1. 教授	jiàoshòu	professor	5. 文件	wénjiàn	documents, papers
2. 退休	tuìxiū	retire			
3. 订	dìng	subscribe to	6. 材料	cáiliào	material
4. 认为	rènwéi	think, consider	7. 工资	gōngzī	wages, pay

3. Partitive measure for part of the whole.

情　景

从他当了汽车司机以后，他母亲每天都担着一**份**心。有时候他回来晚了，他母亲就很着急地站在门口等他。

Cóng tā dāngle qìchē sījī yǐhòu, tā mǔqin měi tiān dōu dānzhe yí fènr xīn. Yǒu shíhou tā huílái wǎn le, tā mǔqin jiù hěn zháojí de zhànzài ménkǒu děng tā.

短　语

一份人情； 一份心意； 一份功劳； 一份心愿

生　词

1. 人情	rénqíng	human feelings		3. 心愿	xīnyuàn	cherished desire
2. 功劳	gōngláo	meritorious service, contribution				

[注解]

Here 份 is usually preceded by the numeral 一.

fēng 封

Individual measure for letters, written messages, telegrams, etc.

情 景

上个月他收到了亲戚朋友寄来的很多信，因为忙，一直没回信。今天上午，他一连写了十几**封**信。

Shàng ge yuè tā shōudàole qīnqi péngyou jìlái de hěn duō xìn, yīnwèi máng, yìzhí méi huí xìn. Jīntiān shàngwǔ, tā yìlián xiěle shí jǐ fēng xìn.

短 语

一**封**电报

生 词

1. 亲戚　　qīnqi　　　relative
2. 电报　　diànbào　　telegram

fú 幅	1. Individual measure for calligraphy, painting, cloth, silk, etc.

情　景

A：这是一幅世界名画吧？

B：当然了！

A：谁画的？

B：意大利著名画家达·芬奇。

A：Zhè shì yì fú shìjiè mínghuàr ba？

B：Dāngránle！

A：Shuí huà de？

B：Yìdàlì zhùmíng huàjiā Dá Fēnqí.

短　语

一幅布；　一幅被面；　一幅地图

生　词

1. 名画　mínghuàr　famous painting
2. 画家　huàjiā　painter
3. 达·芬奇　Dá Fēnqí　Leonardo da Vinci
4. 被面　bèimiàn　the facing of a quilt

2. Individual measure for a scene in drama, fiction, etc.

情　景

在昨天的晚会上，有人跳舞，有人表演节目，非常热闹。那幅欢乐的情景给我留下了很深的印象。

Zài zuótiān de wǎnhuì shang, yǒu rén tiàowǔ, yǒurén biǎoyǎn jiémù, fēicháng rènao. Nà fú huānlè de qíngjǐng gěi wǒ liú xiàle hěn shēn de yìnxiàng.

短　语

一幅动人的场面；　一幅丰收景象

生　词

1. 欢乐　　huānlè　　happy, joyous, gay
2. 情景　　qíngjǐng　scene, sight
3. 动人　　dòngrén　moving, touching
4. 场面　　chǎngmiàn　scene, spectacle
5. 景象　　jǐngxiàng　scene, sight, picture

[注解]

Here 幅 can be preceded only by the numeral 一.

fù 服	Group measure for amount of traditional medicine to be taken at one time. Similar to "fù 副".

情 景

上星期她去中医医院看病。一位老大夫给她开了三**服**药。她只吃了**两服**,病就好了。

Shàng xīngqī tā qù Zhōngyī yī yuàn kàn bìng. Yí wèi lǎo dàifu gěi tā kāile sān fù yào. Tā zhǐ chīle liǎng fù, bìng jiù hǎo le.

中 药 房

短 语

一服中药;三服汤药

生 词

1.汤药　　tāngyào　　a decoction of medicinal ingredients

| fù 副 | 1. Pair; set; group measure for things of the same kind, that belong together because they are similar or complementary to each other. |

情 景

(1)她有两**副**眼镜，一**副**是近视镜，一**副**是老花镜。平时她戴近视镜，看书的时候,她戴老花镜。

(1)Tā yǒu liǎng fù yǎnjìng, yí fù shì jìnshìjìng, yí fù shì lǎohuājìng. Píngshí tā dài jìnshìjìng, kàn shū de shíhou, tā dài lǎohuājìng.

(2) A：你织什么呢？

　　B：我织手套呢。

　　A：你为什么不买一**副**呢？

　　B：商店里卖的手套我都不喜欢。

(2) A：Nǐ zhī shénme ne?

　　B：Wǒ zhī shǒutào ne.

　　A：Nǐ wèishénme bù mǎi yí fù ne?

　　B：Shāngdiàn li mài de shǒutào wǒ dōu bù xǐhuan.

短　语

一副耳环；　一副耳机；　一副手铐；　一副对联；　一副担架；　一副扑克牌；　一副好嗓子；全副武装

生　词

1. 眼镜	yǎnjìng	glasses	7. 对联	duìlián	antithetical couplet
2. 近视镜	jìnshijìng	spectacles for near sighted persons	8. 担架	dānjià	litter, stretcher
			9. 扑克牌	pūkèpái	playing cards
3. 老花镜	lǎohuājìng	presbyopic glasses	10. 嗓子	sǎngzi	throat
4. 耳环	ěrhuán	earrings	11. 武装	wǔzhuāng	arms, military equipment
5. 耳机	ěrjī	earphone			
6. 手铐	shǒukào	handcuffs			

2. Individual measure for an expression on one's face.

情　景

那个饭店的工作人员服务态度很好，很有礼貌。他们在接送客人的时候，脸上总是带着一副笑容。

Nàge fàndiàn de gōngzuò rén yuán fúwù tàidu hěn hǎo, hěn yǒu lǐmào. Tāmen zài jiē sòng kèrén de shíhou, liǎn shang zǒngshì dàizhe yí fù xiàoróng.

短　语

一副凶相；　一副严肃的表情；　一副庄严的面孔；　一副生气的样子；　一副笑脸；　两副面孔

生　词

1. 礼貌　　　lǐmào　　　　　polite
2. 送(客人)　sòng (kèrén)　see (sb.) off or out
3. 笑容　　　xiàoróng　　　smiling expression
4. 凶相　　　xiōngxiàng　　ferocious features, fierce look
5. 严肃　　　yánsù　　　　　serious, solemn
6. 表情　　　biǎoqíng　　　expression
7. 庄严　　　zhuāngyán　　solemn, stately
8. 面孔　　　miànkǒng　　　face
9. 样子　　　yàngzi　　　　appearance, shape
10. 笑脸　　xiàoliǎn　　　smiling face

3. Group measure for amount of traditional Chinese medicine to be taken at one time. Similar to "fù 服".

gè 个

1. Individual measure for persons.

情 景

（1）我有一个朋友非常爱干净。他穿的衣服总是一天换一次，他住的屋子也总是收拾得整整齐齐。

（1）Wǒ yǒu yí ge péngyou fēicháng ài gānjìng. Tā chuān de yīfu zǒngshì yì tiān huàn yí cì, tā zhù de wūzi yě zǒngshì shōushi de zhěngzhěng-qíqí.

（2）这个剧场很大，大概能坐1500个人。前天晚上我们和留学生一起，就是在这儿看的话剧。

（2）Zhège jùchǎng hěn dà, dàgài néng zuò yìqiān wǔbǎi ge rén. Qiántiān wǎnshang wǒmen hé liúxuéshēng yìqǐ, jiù shì zài zhèr kàn de huàjù.

短 语

一个工人；一个农民；一个大夫；一个演员；一个老师；一个学生；一个留学生；一个孩子

2. Individual measure for time, date, etc.

情　景

（1）每星期日下午，电视节目里都有一个小时的《星期日英语》和半个小时的《星期日日语》。学习外语的人都很欢迎这些节目。

（1）Měi xīngqīrì xiàwǔ, diànshì jiémù li dōu yǒu yí ge xiǎoshí de 《Xīngqīrì Yīngyǔ》 hé bàn ge xiǎoshí de 《Xīngqīrì Rìyǔ》. Xuéxí wàiyǔ de rén dōu hěn huānyíng zhèxiē jiémù.

（2）他身体真好，一点儿也不怕冷，一个冬天连大衣都没穿，只穿了两件毛衣就过冬了。

（2）Tā shēntǐ zhēn hǎo, yìdiǎnr yě bú pà lěng, yí ge dōngtiān lián dàyī dōu méichuān, zhǐ chuānle liǎng jiàn máoyī jiù guò dōng le.

短　语

一个春天；　一个夏天；　一个秋天；　一个晚上；　一个早上；　一个中午；　一个下午；　一个星期；　一个月；　一个钟头

3. Individual measure for area, country or unit (as an organization,

department, division, section, etc.).

情　景

（1）这次乒乓球比赛有十几个国家派来了代表队。从明天开始到下月2号，一共要在这里比赛八天。

（1）Zhè cì pīngpāngqiú bǐsài yǒu shíjǐ ge guójiā pài láile dàibiǎoduì. Cóng míngtiān kāishǐ dào xià yuè èr hào, yí gòng yào zài zhèlǐ bǐsài bā tiān.

(2)那个地方的风景很美,交通也很方便。但是生活费用太高,每天吃饭就得花五六块钱,而且吃得还不好。

(2)Nà ge dìfang de fēngjǐng hěn měi, jiāotōng yě hěn fāngbiàn. Dànshì shēnghuó fèiyòng tài gāo, měi tiān chīfàn jiù děi huā wǔ-liù kuài qián, érqiě chī de hái bù hǎo.

短 语

一个城市; 一个工厂; 一个学校; 一个商店; 一个村子; 一个车站; 一个飞机场; 一个体育馆; 一个游泳池; 一个教室

生 词

1. 交通	jiāotōng	traffic, communications
2. 费用	fèiyòng	expenses, cost
3. 花 [动]	huā	spend

4. Individual measure for material things.

情 景

(1)今天我一个人骑自行车出去玩。中午没吃饭,只吃了两个鸡蛋,一个苹果。下午五点回来的时候,真觉得饿极了。

(1)Jīntiān wǒ yí ge rén qí zìxíngchē chūqu wánr. Zhōngwǔ méi chī fàng, zhǐ chīle liǎng ge jīdàn, yí ge píngguǒ. Xiàwǔ wǔ diǎn huílai de shíhou, zhēn jué de è jí le.

(2)妈妈刚说:"从前,有一个大鼻子象…",孩子就说:"妈妈!您别讲了,这个故事我已经听过好几遍了。"

(2)Māma gāng shuō: "Cóngqián, yǒu yí ge dà bízi xiàng…", háizi jiù shuō: "Māma! Nín bié jiǎng le, zhège gùshi wǒ yǐjīng tīngguò hǎo jǐ biàn le."

(3)我刚开始学汉语,现在只会写100多个汉字,还常常写错,不是这里多一笔,就是那里少一笔。

(3) Wǒ gāng kāishǐ xué Hànyǔ, xiànzài zhǐ huì xiě yìbǎi duō ge hànzì, hái chángcháng xiěcuò, búshì zhèli duō yì bǐ, jiùshì nàli shǎo yì bǐ.

(4)这个孩子真有意思,摔了一个跟头,脸都摔破了也不哭,上了点儿药,又出去玩了。

(4)Zhè ge háizi zhēn yǒu yìsi, shuāile yí ge gēntou, liǎn dōu shuāi pòle yě bù kū, shàngle diǎnr yào, yòu chūqu wánr le.

短　语

一个鸡蛋；　一个扣子；　一个杯子；　一个闪电；　一个雷；　一个手指；　一个计划；　一个节目；　一个钉子

生　词

1. 鼻子	bízi	nose, trunk		5. 雷	léi	thundering
2. 象	xiàng	elephant		6. 手指	shǒuzhǐ	finger
3. 扣子	kòuzi	button		7. 钉子	dīngzi	nail
4. 闪电	shǎndiàn	lightning				

5. Individual measure for some abstract nouns denoting reason or state of affairs.

情　景

背字典不是一个好方法，要是按照那样的方法记生词，一天可以记很多，可是很快就忘了。

Bèi zìdiǎn búshì yí ge hǎo fāngfǎ, yàoshì ànzhào nàyàng de fāngfǎ jì shēngcí, yì tiān kěyǐ jì hěn duō, kěshì hěn kuài jiù wàng le.

短　语

一个道理；　一个问题；　一个理由；　一个念头

生　词

1. 背	bèi	recite from memory, learn by heart	2. 理由	lǐyóu	reason
			3. 念头	niàntou	thought, idea, intention

6. Individual measure for certain actions, usually used between verb and its object.

情　景

今天下午他先洗了一个澡，又去理了一个发。然后换上了一身新西服，就去参加朋友的婚礼了。

Jīntiān xiàwǔ tā xiān xǐle yí ge zǎo, yòu qù lǐ le yí ge fà. Ránhòu huàn shangle yì shēn xīn xīfú, jiù qù cānjiā péngyou de hūnlǐle.

短　语

翻(了)一个身；　做(了)一个梦；　打(了)一个哈欠；　打(了)一个耳光；　使(了)一个眼色；上(了)一个当

生　词

1. 理发	lǐ fà	haircut, hairdressing		4. 翻身	fān shēn	turn over
2. 西服	xīfú	Western-style clothes		5. 做梦	zuò mèng	have a dream
				6. 打哈欠	dǎ hāqian	yawn
3. 婚礼	hūnlǐ	wedding ceremony		7. 使眼色	shǐ yǎnsè	give somebody a wink
				8. 上当	shàng dàng	be duped

| gēn 根 | Individual measure for long and slender things. |

情 景

(1) 我想抽烟，一连划了好几根火柴，都被风吹灭了。后来，我走到一棵大树后边才点着。

(1) Wǒ xiǎng chōu yān, yìlián huále hǎo jǐ gēn huǒchái, dōu bèi fēng chuī mièle. Hòulái, wǒ zǒu dào yì kē dà shù hòubian cái diǎnzháo.

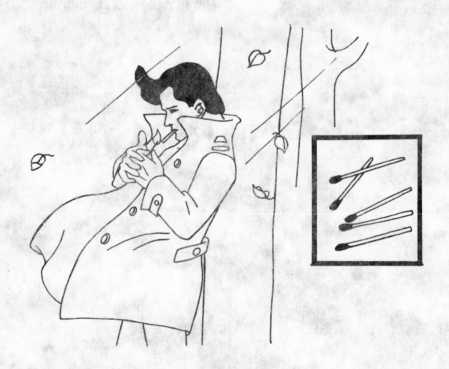

(2) A：你头上怎么都有好几根白头发了？

B：老了！

A：才 30 岁就老了？

B：那你说是为什么？

A：我怎么知道呢！

(2) A：Nǐ tóu shang zěnme dōu yǒu hǎo jǐ gēnr bái tóufa le?

B：Lǎo le!

A：Cái sānshí shuì jiù lǎo le?

B：Nà nǐ shuō shì wèishénme?

A：Wǒ zěnme zhīdao ne!

(3)今天是我 20 岁生日,同学们都来向我祝贺。当我把每**根**蜡烛都吹灭以后,就把蛋糕分给大家吃了。

(3)Jīntiān shì wǒ èrshí suì shēngrì, tóngxuémen dōu lái xiàng wǒ zhùhè. Dāng wǒ bǎ měi gēn làzhú dōu chuīmiè yǐhòu, jiù bǎ dàngāo fēn gěi dàjiā chī le.

短　语

一**根**粉笔；一**根**绳子；一**根**铁丝；一**根**针；一**根**香蕉；一**根**骨头；一**根**烟；一**根**筷子；一**根**棍子；一**根**带子；一**根**草；几**根**香肠；一**根**柱子

生　词

1. 划	huá	strike (a match)	6. 针	zhēn	needle
2. 火柴	huǒchái	match	7. 棍子	gùnzi	rod, stick
3. 吹灭	chuī miè	blow out	8. 柱子	zhùzi	post, pillar
4. 蜡烛	làzhú	candle	9. 带子	dàizi	belt, ribbon
5. 粉笔	fěnbǐ	chalk	10. 香肠	xiāngcháng	sausage

| gǔ 股 | 1. Stream; strand; skein; partitive measure for a stream of water or air, or for things which consist of a long narrow piece. |

情 景

(1)我们爬山爬累了,坐在一块大石头上休息。突然听见身后有流水的声音,走过去一看,原来是一**股**泉水。

(1) Wǒmen pá shān pá lèile, zuò zài yí kuài dà shítou shang xiūxi. Tūrán tīngjiàn shēn hòu yǒu liúshuǐ de shēngyīn, zǒu guò qu yí kàn, yuánlái shì yì gǔ quánshuǐ.

(2)这件毛衣是用两**股**毛线织的,一**股**是黄色的,一**股**是咖啡色的。我穿上以后大家都说很好看。

(2) Zhè jiàn máoyī shì yòng liǎng gǔ máoxiàn zhī de, yì gǔ shì huángsè de, yì gǔ shì kāfēisè de. Wǒ chuān shang yǐhòu dàjiā dōu shuō hěn hǎo kàn.

短　语

一股寒流；　一股暖流；　两股线绳

生　词

1. 流水	liúshuǐ	flowing water, running water	4. 咖啡色	kāfēisè	coffee-coloured
2. 泉水	quánshuǐ	spring water	5. 寒流	hánliú	cold current
3. 毛线	máoxiàn	knitting wool	6. 暖流	nuǎnliú	warm current

2. Puff: partitive measure for a short, quick sending out of breath, air, etc.

情　景

他正在写信,突然闻到一**股**糊味儿。他跑到厨房去一看,锅里的饭已经糊得不能吃了。回到桌旁,信纸也不见了,原来刚才一**股**风从窗口吹进来,把信纸吹落在地上了。

Tā zhèngzài xiěxìn, tūrán wéndào yì gǔ húwèir. Tā pǎodào chúfáng qù yí kàn, guō li de fàn yǐjīng hú de bù néng chī le. Huí dào zhuō páng, xìnzhǐ yě bú jiàn le, yuánlái gāngcái yì gǔ fēng cóng chuāngkǒu chuī jìnlái, bǎ xìnzhǐ chuīluò zài dì shàng le.

短　语

一股香味儿；　一股臭味儿；　一股烟味儿；　一股烟；　一股热气；　一股冷气；　一股凉气；　一股劲儿

生　词

1. 糊	hú	(of food) burnt	4. 热气	rèqì	steam, heat
2. 香味儿	xiāngwèir	sweet smell	5. 冷气	lěngqì	cold air
3. 臭味儿	chòuwèir	offensive smell	6. 凉气	liángqì	cool air

guà 挂

(Hanging) string; group measure for series of things threaded on a string.

情　景

前几年,过春节的时候,他总要放几**挂**鞭炮。从上中学以后,他觉得放鞭炮没有意思,就再也不买了。

Qián jǐ nián, guò Chūnjié de shíhou, tā zǒng yào fàng jǐ guà biānpào. Cóng shàng zhōngxué yǐhòu, tā juéde fàng biānpào méi yǒu yìsi, jiù zài yě bù mǎi le.

短　语

一挂珠子

生　词

1. 放	fàng	let off, give out
2. 鞭炮	biānpào	firecrackers

guǎn 管

Tube: individual measure for things in the shape of a long, hollow cylinder.

情　景

这管笔我用了快二十年了。虽然很旧了，可是我还舍不得扔掉它，因为我觉得什么笔也没有我这管笔好使。

Zhè guǎn bǐ wǒ yòngle kuài èrshí nián le. Suīrán hěn jiù le, kěshì wǒ hái shěbude rēngdiào tā, yīnwèi wǒ juéde shénme bǐ yě méi yǒu wǒ zhè guǎn bǐ hǎo shǐ.

短　语

一管毛笔；　一管牙膏；　一管箫

生　词

1. 舍不得	shěbude	hate to part with or use
2. 好使	hǎoshǐ	be convenient to use
3. 毛笔	máobǐ	writing brush
4. 牙膏	yágāo	toothpaste
5. 箫	xiāo	a vertical bamboo flute

| háng 行 | Line; row; column; group measure for a number of things in a line. |

情 景

她觉得那几**行**字写得不好,有的大,有的小,很不整齐,就又重新写了一遍。可是,写完以后看了看,还是不满意。

Tā juéde nà jǐ háng zì xiě de bù hǎo, yǒu de dà, yǒu de xiǎo, hěn bù zhěngqí, jiù yòu chóngxīn xiěle yí biàn. Kěshì, xiě wán yǐhòu kànle kàn, háishì bù mǎnyì.

短 语

两行热泪; 几**行**诗; 一行树

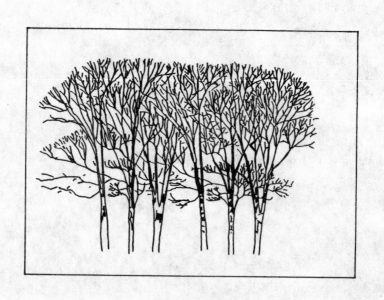

生 词

1. 热泪　　rèlèi　　　　hot tears
2. 诗　　　shī　　　　　poem

| hé(r) 盒 | Small box: container measure for a box usually with a lid, made of wood, cardboard, metal, or plastics. |

情　景

(1) 这个人抽烟从来不用打火机，只用火柴。所以他一个月得用好几**盒**火柴。

(1) Zhège rén chōu yān cónglái bú yòng dǎhuǒjī, zhǐ yòng huǒchái. Suǒyǐ tā yí ge yuè děi yòng hǎo jǐ hér huǒchái.

(2) A：你一天抽几支烟？
　　B：大概得抽一**盒**(烟)。
　　A：你怎么抽那么多啊？
　　B：我知道烟抽多了对身体不好。
　　A：那你为什么还抽呢？
　　B：没办法，我戒不了。

(2) A：Nǐ yì tiān chōu jǐ zhī yān?
　　B：Dàgài děi chōu yì hé (yān).
　　A：Nǐ zěnme chōu nàme duō a?
　　B：Wǒ zhīdào yān chōu duōle duì shēntǐ bù hǎo.
　　A：Nà nǐ wèishénme hái chōu ne?
　　B：Méi bànfǎ, wǒ jiè bù liǎo.

短　语

一盒粉笔；　一盒点心；　一盒饼干；　一盒糖

生　词

1. 打火机　　dǎhuǒjī　　　　lighter
2. 戒(烟)　　jiè (yān)　　　give up (smoking)

| hù 户 | Household: individual measure for household, domestic establishment. |

情　景

晚上，我走出了村子，忽然迷了路。这时，只看见远处有一**户**人家的灯还亮着，我赶忙到那里去问路。

Wǎnshang，wǒ zǒu chūle cūnzi，hūrán míle lù. Zhèshí，zhǐ kànjiàn yuǎnchù yǒu yí hù rénjiā de dēng hái liàngzhe，wǒ gǎnmáng dào nàlǐ qù wènlù.

短　语

一户农民

生　词

1. 迷路　mílù　be lost
2. 赶忙　gǎnmáng　in a hurry

huí 回	1. Individual measure for a matter, a thing, etc.

你说的是买衣服很困难,有钱也买不到合适的衣服。他说的是卖衣服的人态度不好。你们两个人说的不是一回事。

Nǐ shuō de shì mǎi yīfu hěn kùnnan, yǒu qián yě mǎi bu dào héshì de yīfu. Tā shuō de shì mài yīfu de rén tàidù bù hǎo. Nǐmen liǎng ge rén shuō de bú shì yì huí shì.

怎么回事；　这么(一)回事；　象那么回事；　就是那么回事；　还不是那么回事

2. Measure for number of times an action is taken.

(1)每回在路上遇到他,他都很热情地请我到他家去坐坐。可是都因为忙没去成。这个星期天我一定要去一回。

(1)Měi huí zài lù shang yù dào tā, tā dōu hěn rèqíng de qǐng wǒ dào tā jiā qù zuòzuo. Kěshì dōu yīnwèi máng méi qùchéng. Zhège Xīngqītiān wǒ yídìng yào qù yì huí.

（2）我到北京快一年了，才吃过一回烤鸭。我觉得烤鸭很好吃。我想在回国以前再去吃一回。

（2）Wǒ dào Běijīng kuài yì nián le, cái chīguò yì huí kǎoyā. Wǒ juéde kǎoyā hěn hǎo chī, wǒ xiǎng zài huí guó yǐqián zài qù chī yì huí.

短　语

来（了/过）一回；　去（了/过）一回；　看（了/过）一回；　试（了/过）一回；　问（了/过）一回；参观（了/过）一回

生　词

1. 烤鸭　　　kǎoyā　　　　roast duck

[注解]
See "tàng 趟 2".

huǒ(r) 伙

Group；crowd；band；group measure for group of persons doing something together (under a leader and with a common purpose).

情　景

前天晚上，他家的电视机被偷了。他邻居家的摩托车也不见了。有人说这不是一个人干的，可能是一伙人干的。

Qiántiān wǎnshang, tā jiā de diànshìjī bèi tōu le. Tā línjū jiā de mótuōchē yě bú jiàn le. Yǒu rén shuō zhè búshì yí ge rén gàn de, kěnéng shì yì huǒr rén gàn de.

短　语

一伙流氓； 一伙坏人

生　词

1. 摩托车　　mótuōchē　　motorcycle
2. 坏人　　　huàirén　　　evildoer

[注解]

　　See "qún 群".

| jí 级 |

1. Step；stage：individual measure for stair，step，etc.

情　景

今天我去颐和园玩了一整天，回来以后累得腿都抬不起来了。晚上躺在床上想，我今天上了大概有几百**级**台阶。

Jīntiān wǒ qù Yíhéyuán wánr le yì zhěng tiān, huílái yǐhòu lèi de tuǐ dōu tái bù qǐlái le. Wǎn shang tǎng zài chuáng shang xiǎng, wǒ jīntiān shàngle dàgài yǒu jǐ bǎi jí táijiē.

生　词

1. 台阶　　　táijiē　　　　a flight of steps

2. Level；rank；grade：individual measure for grade，rank，etc.

情　景

他初中毕业以后就去工厂干活了。他学习很刻苦，技术提高得很快，现在已经是五级工了。

Tā chūzhōng bìyè yǐhòu jiù qù gōngchǎng gàn huór le. Tā xuéxí hěn kèkǔ, jìshù tígāo de hěn kuài, xiànzài yǐjīng shì wǔ jí gōng le.

短　语

八级电工；　一级教授；　二级厨师

生　词

1. 初中　　chūzhōng　　junior middle school
2. 刻苦　　kèkǔ　　assiduous, hardworking
3. 电工　　diàngōng　　electrician
4. 厨师　　chúshī　　cook

jì 剂	Dose; prescription: group measure for a decoction of medicinal ingredients. Similar to "fù 副", "fù 服".

情　景

昨天晚上，我吃了这**剂**药就睡了。夜里出了不少汗，今天早上不发烧了，也能吃东西了。

Zuótiān wǎnshang, wǒ chīle zhè jì yào jiù shuì le. Yèli chū le bù shǎo hàn, jīntiān zǎoshang bù fāshāo le, yě néng chī dōngxi le.

短　语

一**剂**汤药

生　词

1. 汗　　　hàn　　　　sweat, perspiration

| jiā 家 | 1. Household; individual measure for a family. |

情 景

(1)我们楼上住的那**家**人,经常大声放音乐,有时候还又唱又跳,吵得大家不能很好地休息。

（1）Wǒmen lóu shàng zhù de nà jiā rén, jīngcháng dàshēng fàng yīnyuè, yǒushíhou hái yòu chàng yòu tiào, chǎo de dàjiā bù néng hěn hǎo de xiūxi.

(2)那个老人没有儿子,也没有女儿。虽然有几**家**亲戚,但是都住得很远,不能常来照顾他,所以他常常感到很孤独。

（2）Nàge lǎorén méi yǒu érzi, yě méi yǒu nǚ′er. Suírán yǒu jǐ jiā qīnqi, dànshì dōu zhù de hǎn yuǎn, bù néng cháng lái zhàogù tā, suǒyǐ tā cháng cháng gǎn dao hěn gūdú.

生 词

1. 孤独　　　gūdú　　　　　lonely

[注解]
家 used for relatives can be replaced by 门. See also "mén 门".

2. Individual measure for institution, enterprise, etc.

情　景

(1) 因为那**家**旅馆吃、住都很便宜，交通也比较方便，所以很多人都喜欢住在那儿。

(1) Yīnwèi nà jiā lǚguǎn chī, zhù dōu hěn piányi, jiāotōng yě bǐjiào fāngbiàn, suǒyǐ hěn duō rén dōu xǐhuan zhùzài nàr.

(2) 这条街上有两**家**工厂，南边那**家**是铅笔厂，北边那**家**是衬衫厂。上下班的时候，等汽车的人很多。

(2) Zhè tiáo jiē shang yǒu liǎng jiā gōngchǎng, nán biān nà jiā shì qiānbǐ chǎng, běi biān nà jiā shì chènshān chǎng. Shàng-xià bān de shíhou, děng qìchē de rén hěn duō.

(3) 离学校不远的地方有一**家**现代化的剧院，每天都有很多人到那里去看电影或者话剧。现在正在上演《天鹅湖》。

(3) Lí xuéxiào bù yuǎn de dìfang yǒu yì jiā xiàndàihuà de jùyuàn, měi tiān dōu yǒu hěn duō rén dào nàli qù kàn diànyǐng huòzhě huàjù. Xiànzài zhèngzài shàngyǎn《Tiān'éhú》.

（4）A：为什么到那**家**饭馆去吃饭的人那么多呢？

B：因为那**家**饭馆比较干净。

A：那儿的饭菜做得怎么样？

B：我在那儿吃过几次，还不错。

A：我以后也到那儿去吃一次。

（4）A：Wèi shénme dào nà jiā fànguǎn qù chīfàn de rén nàme duō ne?

B：Yīnwèi nà jiā fànguǎn bǐjiào gānjìng.

A：Nàr de fàn cài zuò de zěnme yàng?

B：Wǒ zài nàr chīguò jǐ cì, hái búcuò.

A：Wǒ yǐhòu yě dào nàr qù chī yícì.

（5）这本语法书我跑了好几**家**大书店，都没买到。最后在一**家**小书店里买到了。

（5）Zhèi běn yǔfǎ shū wǒ pǎole hǎo jǐ jiā dà shūdiàn, dōu méi mǎidào. Zuìhòu zài yì jiā xiǎo shūdiàn li mǎidào le.

短 语

一家商店；　一家银行；　一家医院；　一家旅馆；　一家通讯社；　一家出版社

生 词

1. 衬衫　　chènshān　　shirt
2. 银行　　yínháng　　bank
3. 通讯社　tōngxùnshè　news agency

jià 架

Individual measure for a machine, especially with wooden or metal framework.

情　景

(1)今年暑假我去南方参加了一个学术讨论会。在飞机场遇见了一位老朋友，他也去南方，正好他和我坐同一**架**飞机。

（1）Jīnnián shǔjià wǒ qù nánfāng cānjiāle yí ge xuéshù tǎolùnhuì. Zài fēijīchǎng yùjiànle yí wèi lǎo péngyou, tā yě qù nánfāng, zhènghǎo tā hé wǒ zuò tóng yí jià fēijī.

(2)我给我女儿买了一**架**钢琴,还给她请了一位老师。老师每星期来一次。她刚学一个多月,就能弹简单的曲子了。

（2）Wǒ gěi wǒ nǚ'ér mǎile yí jià gāngqín, hái gěi tā qǐngle yí wèi lǎoshī. Lǎoshī měi xīngqī lái yí cì. Tā gāng xué yí ge duō yuè, jiù néng tán jiǎndān de qǔzi le.

短 语

一**架**机器； 一**架**照相机； 一**架**收音机； 一**架**录音机； 一**架**缝纫机； 一**架**望远镜； 一**架**显微镜

生 词

1. 钢琴	gāngqín	piano
2. 弹	tán	play
3. 曲子	qǔzi	song, tune

4. 缝纫机	féngrènjī	sewing machine
5. 望远镜	wàngyuǎnjìng	telescope
6. 显微镜	xiǎnwēijìng	microscope

[注解]
架 is usually used for machine with supports, stands, trestles, etc. See also "tái 台".

| jiān 间 | Individual measure for part of a house or other buildings enclosed by walls or partitions, floor, and ceiling. |

情　景

(1)这一片楼房大都是六层或者五层,有三**间**(屋子)一套的,也有两**间**一套的。面积都在三十平米左右。

(1)Zhè yí piàn lóufáng dàdōu shì liù céng huòzhě wǔ céng, yǒu sān jiān (wūzi) yí tào de, yě yǒu liǎng jiān yí tào de. Miànjī dōu zài sānshí píng mǐ zuǒyòu.

(2)这家公司原来只有一**间**办公室,因为生意越做越好,如今已经发展成全国有名的大公司了。

(2)Zhè jiā gōngsī yuánlái zhǐ yǒu yì jiān bàngōngshì, yīnwèi shēngyì yuè zuò yuè hǎo, rú jīn yǐjīng fāzhǎn chéng quánguó yǒu míng de dà gōngsī le.

(3)我们班人不多,平时都在这**间**小教室里上课。看教学电影时,就和别的班一起在对面那**间**大教室里上课。

(3)Wǒmen bān rén bù duō, píngshí dōu zài zhè jiān xiǎo jiàoshì li shàngkè. Kàn jiàoxué diànyǐng shí, jiù hé bié de bān yìqǐ zài duìmiàn nà jiān dà jiàoshì li shàngkè.

短　语

一**间**病房; 一**间**宿舍

生　词

| 1. 平米 | píngmǐ | square metre | 3. 有名 | yǒumíng | famous, well-known |
| 2. 公司 | gōngsī | company | 4. 病房 | bìngfáng | ward (of a hospital) |

| jiàn 件 | Item；article：individual measure for clothes，furniture，affairs，etc. |

情　景

（1）这**件**毛衣我穿着很合适，可惜是黑色的。我最不喜欢黑颜色的衣服，我想买一**件**咖啡色的，或者是米黄色的。

（1）Zhè **jiàn** máoyī wǒ chuānzhe hěn héshì，kěxī shì hēisè de. Wǒ zuì bù xǐhuān hēi yánsè de yīfu，wǒ xiǎng mǎi yí **jiàn** kāfēisè de，huòzhě shì mǐhuángsè de.

（2）我想在回国以前，先把这几**件**大一点儿的行李寄走，剩下那几**件**小件儿的，我自己带着就行了。

（2）Wǒ xiǎng zài huí guó yǐqián，xiān bǎ zhè jǐ **jiàn** dà yìdiǎnr de xíngli jìzǒu，shèngxia nà jǐ **jiàn** xiǎo jiànr de，wǒ zìjǐ dàizhe jiù xíng le.

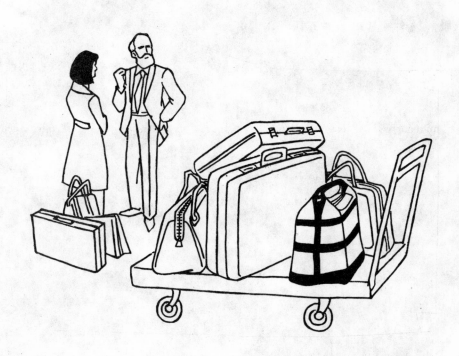

(3) A：我给她买了一件礼物，你猜
　　是什么？

B：是钢笔吧。

A：不对。

B：是手表？

A：也不对。

B：那是什么，我猜不着。

A：是一把扇子。

(3)A：Wǒ gěi tā mǎile yí jiàn lǐwù,
　　nǐ cāi shì shénme?

B：Shì gāngbǐ ba.

A：Bú duì.

B：Shì shǒubiǎo?

A：Yě bú duì.

B：Nà shì shénme, wǒ cāi
　　bùzháo.

A：Shì yì bǎ shànzi.

(4)我的邻居要出去旅行，走以前她请我替她办两件事情：第一件事情是取牛奶；第二件事情是拿报纸。

(4)Wǒ de línjū yào chūqu lǚxíng, zǒu yǐqián tā qǐng wǒ tì tā bàn liǎng jiàn shìqing：dì-yī jiàn shìqing shì qǔ niúnǎi; dì-èr jiàn shìqing shì ná bàozhǐ.

短　　语

一件衣服；　一件家具；　一件东西

生　　词

| 1.可惜 | kěxī | it's a pity | 3.行李 | xíngli | luggage |
| 2.米黄色 | mǐhuángsè | cream-coloured | 4.取 | qǔ | fetch, get |

| jié 节 | 1. Section (between joints): partitive measure for things with joints. |

情　景

昨天我从报上看到了一条消息，说有一列火车出轨了，有三节车厢翻了。可是一个人也没死，只有少数人受了伤。

Zuótiān wǒ cóng bàoshang kàndào le yì tiáo xiāoxi, shuō yǒu yí liè huǒchē chū guǐ le, yǒu sān jié chē xiāng fān le. Kěshì yí ge rén yě méi sǐ, zhǐyǒu shǎo shù rén shòule shāng.

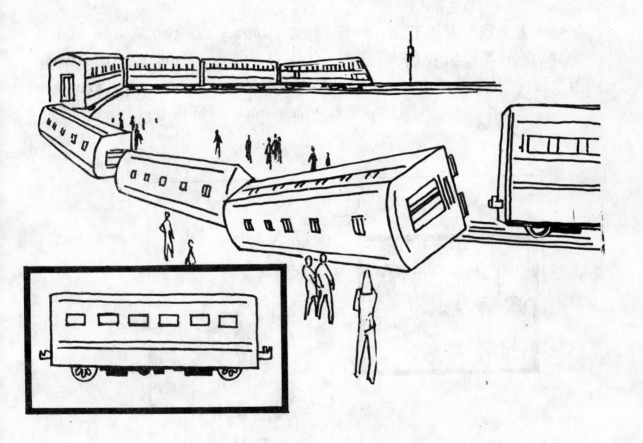

短　语

一节骨头；　一节竹子；　一节电池；　一节甘蔗；　一节藕

1.出轨	chū guǐ	go off the rails		4.甘蔗	gānzhe	sugarcane
2.车厢	chēxiāng	railway carriage		5.藕	ǒu	lotus root
3.电池	diànchí	(electric) cell, battery				

2. Partitive measure for a class period, or for a section of a poem or a paragraph of an article.

情 景

今天上午我们有四**节**课。两节听力课,由王老师给我们上,还有两**节**阅读课,是李老师教。

Jīntiān shàngwǔ wǒmen yǒu sì jié kè。Liǎng jié tīnglìkè, yóu Wáng lǎoshī gěi wǒmen shàng, hái yǒu liǎng jié yuèdúkè, shì Lǐ lǎoshī jiāo。

短　语

一**节**课；　这首长诗共有四十四**节**；　第三章分为五**节**

生　词

1. 听力课　　　tīnglìkè　　　listening
   comprehension
   class
2. 阅读课　　　yuèdúkè　　　reading
   comprehension
   class

jié(r) 截

(A cut) section; partitive measure for a part of long, narrow thing.

情 景

(1) A：你找什么？

B：我想找一**截**尼龙绳。

A：做什么用？

B：我要把那些旧报纸捆起来。

A：我这儿有一**截**纸绳，你看行不行？

B：也行，给我吧。

(1) A：Nǐ zhǎo shénme?

B：Wǒ xiǎng zhǎo yì jiér nílóng shéng.

A：Zuò shénme yòng?

B：Wǒ yào bǎ nàxiē jiù bàozhǐ kǔn qilai.

A：Wǒ zhèr yǒu yì jiér zhǐ shéng, nǐ kàn xíng bu xíng?

B：Yě xíng, gěi wǒ ba.

(2) 一个工人说："这里走不过去了，地下有一**截**水管子坏了，正在修理呢，请大家从那边走吧。"

(2) Yí ge gōngrén shuō："Zhèli zǒu bú guòqu le, dì xià yǒu yì jiér shuǐguǎnzi huài le, zhèngzài xiūlǐ ne, qǐng dàjiā cóng nà biānr zǒu ba. "

短 语

一截木头； 一截粉笔； 一截黄瓜； 一截铁丝； 一截铁管； 一截绳子

生 词

1. 尼龙绳	nílóngshéng	nylon rope		4. 黄瓜	huángguā	cucumber
2. 捆	kǔn	bundle up, tie up		5. 水管子	shuǐguǎnzi	waterpipe
3. 木头	mùtou	wood, log				

| jiè 届 | Session: individual measure for regular conference, graduating class, sports meet, term of office, etc. |

情 景

我们学校每年举办一次邮票展览,已经举办了四届。今年展出的邮票分五个专题共两千多枚,比上届多了20%左右。

Wǒmen xuéxiào měi nián jǔbàn yí cì yóupiào zhǎnlǎn, yǐjīng jǔbànle sì jiè. Jīnnián zhǎnchū de yóupiào fēn wǔ gè zhuāntí gòng liǎngqiān duō méi, bǐ shàng jiè duōle bǎi fēn zhī èrshí zuǒyòu.

短 语

两届毕业生; 三届学生; 这届运动会; 上(这)届书展

生 词

1. 专题   zhuāntí   subject
2. 书展   shūzhǎn   book fair

| jú 局 | Game: individual measure for a form of play, especially with rules (e.g., volleyball, ping-pong, cards, Chinese chess, etc.). |

情　景

他才八岁,下棋就下得那么好。前天晚上我和他下棋,下了五**局**,他赢了四**局**,只输了一**局**。看样子我得甘拜下风了。

Tā cái bā suì, xià qí jiù xià de nàme hǎo. Qiántiān wǎnshang wǒ hé tā xià qí, xiàle wǔ jú, tā yíngle sì jú, zhǐ shūle yì jú. Kàn yàngzi wǒ děi gānbàixiàfēng le.

短　语

一局比赛;　三局两胜制

生　词

1. 下棋　　　　xià qí　　　　　play chess
2. 看样子　　　kànyàngzi　　　it seems
3. 甘拜下风　　gānbàixiàfēng　willingly
　　　　　　　　　　　　　　　acknowledge
　　　　　　　　　　　　　　　defeat

4. 三局两胜　　sānjú　　　　　best-of-three
　　制　　　　liǎngshèngzhì　series

[注解]

局 is a minimum unit for certain ball games, or for chess.

jù 具

Individual measure for corpses, coffins. etc.

情　景

公安局接到了一个电话，说在山上发现了一具尸体。公安人员就立刻开着汽车到现场去了。

Gōng'ānjú jiēdào le yí ge diànhuà, shuō zài shān shang fāxiànle yí jù shītǐ. Gōng'ān rényuán jiù lìkè kāizhe qìchē dào xiànchǎng qù le.

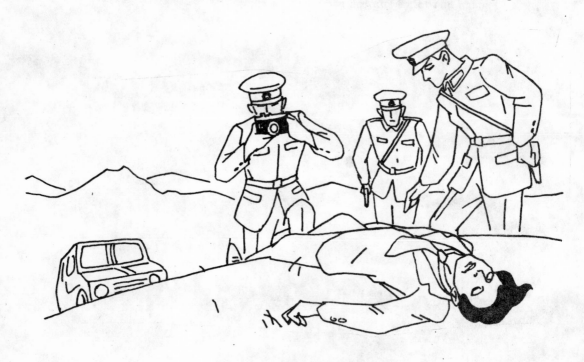

短　语

一具棺材

生　词

1. 公安局	gōng'ānjú	public security bureau
2. 尸体	shītǐ	corpse
3. 现场	xiànchǎng	scene (of a crime or accident)
4. 棺材	guāncai	coffin

jù 句	Sentence; line; individual measure for a sentence, a talk, or a line of a poem, etc.

情 景

(1)妈妈每天都要嘱咐孩子几**句**话：第一,过马路要小心；第二,回家以后先做作业；第三,出去的时候,别忘了锁门。

（1）Māma měi tiān dōu yào zhǔfu háizi jǐ jù huà：dì-yī, guò mǎlù yào xiǎoxīn; dì-èr, huíjiā yǐhòu xiān zuò zuòyè; dì-sān, chūqu de shíhou, bié wàngle suǒ mén.

(2)大家在一起又说又笑,谈得非常热闹,可是她却坐在那儿一**句**话也不说。不知道今天为什么她那么不高兴。

（2）Dàjiā zài yìqǐ yòu shuō yòu xiào, tán de fēicháng rènao, kěshì tā què zuòzài nàr yí jù huà yě bù shuō. Bù zhīdào jīntiān wèishénme tā nàme bù gāoxìng.

短 语

一句歌词；一句诗

生 词

1.嘱咐	zhǔfu	tell, exhort, enjoin
2.歌词	gēcí	words of a song

juǎn(r)　卷	Roll: partitive measure for things made into the shape of a cylinder by being rolled.

情　景

（1）我们家人口多，每个月除了买吃的东西以外，还要买几块香皂、几袋洗衣粉和四五**卷**儿卫生纸。

（1）Wǒmen jiā rénkǒu duō, měi ge yuè chú le mǎi chīde dōngxi yǐwài, hái yào mǎi jǐ kuài xiāngzào, jǐ dài xǐ yīfěn hé sì-wǔ juǎnr wèishēngzhǐ.

（2）她买了几**卷**儿胶卷，准备到长城上去照相。可是，爬上长城以后，才发现买的那些胶卷一**卷**也没带来。

（2）Tā mǎile jǐ juǎnr jiāo juǎn, zhǔnbèi dào Chángchéng shang qù zhàoxiàng. Kěshì, pá shang Chángchéng yǐhòu, cái fāxiàn mǎide nà xiē jiāojuǎnr yì juǎnr yě méi dàilai.

短　语

一卷报纸；　一卷纸；　一卷画；　一卷东西

生　词

1. 香皂	xiāngzào	perfumed soap	3. 卫生纸	wèishēngzhǐ	toilet paper
2. 洗衣粉	xǐyīfěn	washing powder, detergent	4. 胶卷	jiāojuǎn	roll of film

| kē 棵 | Individual measure for plants, especially trees, grass, seedlings, etc. |

情 景

（1）我家院子里有一**棵**大树，夏天的晚上全家人常常坐在树下乘凉，聊天，一直到很晚才回去睡觉。

（1）Wǒ jiā yuànzi li yǒu yì kē dà shù, xiàtiān de wǎnshang quán jiā rén chángcháng zuòzài shù xià chéng liáng, liáotiān, yìzhí dào hěn wǎn cái huíqu shuìjiào.

（2）今年的白菜长得都很好。上午我买的那**棵**大白菜，差不多有七八斤重，够我吃好几天的。

（2）Jīnnián de báicài zhǎng de dōu hěn hǎo. Shàngwǔ wǒ mǎi de nà kē dà bái cài, chàbuduō yǒu qī-bā jīn zhòng, gòu wǒ chī hǎo jǐ tiān de.

短 语

一棵草；一棵葱

生 词

1. 乘凉　chéng liáng　enjoy the cool
2. 聊天　liáotiān　chat
3. 葱　cōng　scallion, onion

[注解]

一棵 and 一根 are identical when used for grass, scallions, etc. 棵 is used only for plants, 根 can also be used for elongated things. See also "gēn 根".

| kē 颗 | Individual measure for small and roundish things. |

情　景

（1）昨天他从自行车上摔下来了。身上没受伤,可是一**颗**门牙被摔掉了,旁边那**颗**牙也摔活动了。

（1）Zuótiān tā cóng zìxíngchē shang shuāi xiàlái le. Shēn shang méi shòu shāng, kěshì yì kē ményá bèi shuāi diào le, pángbiān nà kē yá yě shuāi huódòng le.

（2）二十年前,他的腿上中了一**颗**子弹,一直没取出来,这次他来到首都,想找一位有经验的大夫把那**颗**子弹取出来。

（2）Èrshí nián qián, tā de tuǐ shang zhòng le yì kē zǐdàn, yìzhí méi qǔ chulai, zhè cì tā láidào shǒudū, xiǎng zhǎo yí wèi yǒu jīngyàn de dàifu bǎ nà kē zǐdàn qǔ chulai.

短　语

一颗钻石;　一颗珠子;　一颗汗珠;　一颗炸弹;　一颗螺丝钉;　一颗星;　一颗心;　一颗善良的心

生　词

1.门牙	ményá	front tooth	6.炸弹	zhàdàn	bomb
2.活动	huódong	be loose	7.螺丝钉	luósīdīng	screw
3.中	zhòng	be hit by	8.星	xīng	star
4.钻石	zuànshí	diamond	9.善良	shànliáng	good and honest
5.汗珠	hànzhū	beads of sweat			

[注解]

"Fā 发" is used for counting a shell, bullet, etc., shot from a gun, 颗 for the number of shells, bullets, etc., in a static condition.

kè 课	Individual measure for lessons.

情　景

这本书一共有 15 **课**，每**课**课文都很长，生词也很多。这学期我们都学完了，可是很多我还没记住，我打算再好好复习一遍。

Zhè běn shū yígòng yǒu shíwǔ kè, měi kè kèwén dōu hěn cháng, shēngcí yě hěn duō. Zhè xuéqī wǒmen dōu xuéwán le, kěshì hěn duō wǒ hái méi jìzhù, wǒ dǎsuàn zài hǎohao fùxí yí biàn.

短　语

一课书

生　词

1. 学期　　　xuéqī　　　　school term, semester

1. Quasi-measure for human beings.

情　景

他家有四口人，父亲、母亲都是大学的老师，大儿子是大夫，小儿子是演员，他家的生活很和睦。

Tā jiā yǒu sì kǒu rén, fùqin, mǔqin dōu shì dàxué de lǎoshī, dà érzi shì dàifu, xiǎo érzi shì yǎnyuán, tā jiā de shēnghuó hěn hémù.

生　词

1. 和睦　　hémù　　harmonious; harmony

2. Individual measure for pigs.

情　景

这户农民全家一共有六口人，他们除了干地里的活儿以外，还养了几十口猪，日子越过越好。

Zhè hù nóngmín quán jiā yígòng yǒu liù kǒu rén, tāmen chúle gàn dì li de huór yǐwài, hái yǎngle jǐshí kǒu zhū, rìzi yuè guò yuè hǎo.

生　词

1. 猪　　zhū　　pig
2. 日子　　rìzi　　life, livelihood

Here 口 can be replaced by 头 when used for pigs. See also "tóu 头".

3. Individual measure for tool or instrument with an opening or edge, e.g.,

cauldron, sword, knife, etc.

情　景

最近有两个多月没下雨了, 我们村子里的那几口井都快干了。再不下雨, 我们吃水就成问题了。

Zuìjìn yǒu liǎng ge duō yuè méi xiàyǔ le, wǒmen cūnzi li de nà jǐ kǒu jǐng dōu kuài gān le. Zài bú xià yǔ, wǒmen chī shuǐ jiù chéng wèntí le.

短　语

一口棺材； 一口宝剑

生　词

1. 成问题　chéng wèntí　be a problem
2. 宝剑　bǎojiàn　a double-edged sword

4. Mouthful: individual measure for things relating to the oral cavity.

情　景

这几天他不想吃饭，今天早上喝了半杯牛奶，中午吃了几口饭就躺下睡了。家里人不知道他得的是什么病，很着急。

Zhè jǐ tiān tā bù xiǎng chīfàn, jīntiān zǎoshang hēle bàn bēi niúnǎi, zhōngwǔ chīle jǐ kǒu fàn jiù tǎngxià shuì le. Jālǐrén bù zhīdào tā dé de shì shénmen bìng, hěn zháojí.

短　语

一口水；　一口茶；　一口酒；　一口整齐的牙齿；　吐了一口痰；　吐了几口血；　吸了一口气

生　词

1. 牙齿	yáchǐ	tooth
2. 吐	tù	spit, vomit
3. 痰	tán	phlegm, sputum
4. 吸气	xī(qì)	breathe in

5. Individual measure for languages.

情　景

在她两岁的时候，父母就把她送到上海奶奶家去了。小学和中学都是在那儿上的，所以她能说一口流利的上海话。

Zài tā liǎngsuì de shíhou, fùmǔ jiù bǎ tā sòngdào Shànghǎi nǎinai jiā qùle. Xiǎoxué hé zhōngxué dōushì zài nàr shàngde, suǒyǐ tā néng shuō yì kǒu liúlì de Shànghǎihuà.

短　语

一口北京话；　一口流利的英语

生 词

1. 流利　　　liúlì　　　　　fluent

[注解]

　　Here 口 can be preceded only by the numeral 一.

6. Measure for action done by the mouth.

情 景

　　那个孩子说饿了，他妈妈买了一个面包给他吃。可是他只咬了一口，就不吃了，又要喝汽水。他妈妈只好又给他买了一瓶汽水。

　　Nàge háizi shuō è le, tā māma mǎile yí ge miànbāo gěi tā chī. kěshì tā zhǐ yǎole yì kǒu, jiù bù chī le, yòu yào hē qìshuǐ. Tā māma zhǐhǎo yòu gěi tā mǎile yì píng qìshuǐ.

短 语

　　啃了一口；　吃了一口；　尝了一口

生 词

1. 咬　　　　yǎo　　　　　bite, snap at
2. 啃　　　　kěn　　　　　gnaw, nibble
3. 尝　　　　cháng　　　　taste, try the flavour of

| kuài | 块 | 1. Lump; piece; flake; partitive measure for part of a solid substance, with or without a regular shape. |

情 景

(1)你看那个老人踩在一**块**西瓜皮上差一点儿滑倒了,多危险哪!有的人吃完西瓜随便乱扔皮,这种习惯真不好。

(1)Nǐ kàn nàge lǎorén cǎizài yí kuài xīguāpí shang chà yìdiǎnr huádǎo le, duō wēixiǎn na! Yǒu de rén chīwán xīguā suíbiàn luàn rēng pí, zhè zhǒng xíguàn zhēn bù hǎo.

(2)我在路上买了点儿花生,因为没带包儿,所以就用一**块**大手绢儿把花生包上了。

(2) Wǒ zài lù shang mǎile diǎnr huāshēng, yīnwèi méi dài bāor, suǒyǐ jiù yòng yí kuài dà shǒujuànr bǎ huāshēng bāoshang le.

（3）小时候，有一次我过马路没注意，被自行车撞倒了。胳膊、腿都受了伤，留下了好几**块**伤疤，到现在还能看出来。

（3）Xiǎo shíhou, yǒu yí cì wǒ guò mǎlù méi zhùyì, bèi zìxíngchē zhàngdǎo le. Gēbo, tuǐ dōu shòule shāng, liúxiàle hǎo jǐ kuài shāngbā, dào xiànzài hái néng kàn chūlai.

（4）我买了**一块**橡皮不好用，一擦，纸上就**一块**黑。我又买了**一块**，还是不好用，气得我把两**块**橡皮都扔了。

（4）Wǒ mǎile yí kuài xiàngpí bù hǎoyòng, yì cā, zhǐ shang jiù yí kuài hēi. Wǒ yòu mǎile yí kuài, hái shì bù hǎo yòng, qì de wǒ bǎ liǎng kuài xiàngpí dōu rēng le.

短　语

一块肥皂；　一块头巾；　一块布；　一块手表；　一块糖；　一块石头；　一块木头；　一块黑板；　一块玻璃；　一块砖；　一块泥

生　词

1.踩	cǎi	step on	10.撞	zhuàng	bump against, run into
2.西瓜皮	xīguāpí	water melon rind	11.胳膊	gēbo	arm
3.滑倒	huádǎo	slip and fall	12.伤疤	shāngbā	scar
4.随便	suíbiàn	carelessly, as one pleases	13.橡皮	xiàngpí	eraser, rubber
5.乱	luàn	indiscreet, random	14.肥皂	féizào	soap
6.包儿	bāor	bag	15.头巾	tóujīn	scarf
7.手绢儿	shǒujuànr	handkerchief	16.肉	ròu	meat
8.包	bāo	wrap	17.砖	zhuān	brick
9.马路	mǎlù	street, road	18.泥	ní	mud

2. Individual measure for Chinese currency in spoken language, equivalent to "yuán 元".

情　景

A：请问,这件衬衫多少钱?

B：二十五**块**四(毛)。

A：我要一件四十一号的。(付钱)

B：您这是三十**块**,找您四**块**六。请收好。您还要看看什么?

A：谢谢,不用了。再见。

B：再见,欢迎您再来。

A：Qǐng wèn, zhèi jiàn chènshān duō shǎo qián?

B：Èrshí wǔ kuài sì (máo).

A：Wǒ yào yí jiàn sìshíyī hào de. (fùqián)

B：Nín zhè shì sānshí kuài, zhǎo nín sì kuài liù. Qǐng shōu hǎo. Nín hái yào kànkàn shénme?

A：Xièxie, bú yòng le. Zàijiàn.

B：Zàijiàn, huānyíng nín zài lái.

短　语

一**块**钱; 两**块**五(毛); 三**块**六毛四; 十**块**整; 三十七**块**零五分

kǔn 捆

Bundle: group measure for a number of articles fastened, tied, or wrapped together.

情　景

我看见她拿着一大**捆**书,就对她说:"你把书放在我的自行车上吧!"她笑笑说:"太好了,谢谢你。"

Wǒ kànjiàn tā názhe yí dà kǔn shū, jiù duì tā shuō: "Nǐ bǎ shū fàngzài wǒ de zìxíngchē shang ba!" Tā xiàoxiao shuō: "Tàihǎo le, xièxie nǐ."

短　语

一捆报纸;　一捆旧杂志;　一捆葱;　一捆草

| lèi 类 | Kind; category; group measure for class of persons or things which are alike in some way. |

情 景

烟酒这类东西和他没有关系，他从来不抽烟，也不喝酒。他现在都七十多岁了，身体还那么结实。

Yān jiǔ zhè lèi dōngxì hé tā méi yǒu guānxi, tā cónglái bù chōu yān, yě bù hē jiǔ. Tā xiànzài dōu qīshí duō suì le, shēntǐ hái nàme jiēshi.

短 语

一类人； 一类事情； 这类问题

生 词

1. 结实   jiēshi   strong, sturdy

[注解]
    类 is equivalent to 种. See also "zhǒng 种".

lì 粒	Grain: individual measure for small, hard things, such as rice, sand, etc.

情　景

(1)他母亲从小就教育他不要浪费一**粒**粮食。所以他现在养成了节约的好习惯。

（1）Tā mǔqin cóng xiǎo jiù jiàoyù tā bú yào làngfèi yí lì liángshi. Suǒyǐ tā xiànzài yǎng chéngle jiéyuē de hǎo xíguàn.

(2)昨天中午,她骑车回家,进门以后觉得有点头晕恶心,就赶紧吃了几**粒**人丹,过了一会儿就好了。

（2）Zuótiān zhōngwǔ, tā qíchē huí jiā, jìn mén yǐhòu jué de yǒu diǎnr tóuyūn ěxin, jiù gǎnjǐn chīle jǐ lì réndān, guòle yíhuìr jiù hǎo le.

短　语

一粒砂子；　一粒种子；　一粒药

生　词

1. 从小	cóng xiǎo	from childhood		6. 人丹	réndān	a popular
2. 浪费	làngfèi	waste				traditional
3. 节约	jiéyuē	save, practise				Chinese medicine
		thrift				for various minor
4. 头晕	tóuyūn	dizzy, giddy				ailments
5. 恶心	ěxīn	feel like vomiting		7. 种子	zhǒngzi	seed

| liàng 辆 | Individual measure for any conveyance for goods or passengers on land, e.g., a cart, lorry, automobile, etc. |

情　景

每天都有几百**辆**汽车和上千**辆**自行车经过这座桥。现在这座桥坏了，工人们正在加紧修理，很快就要通车了。

Měi tiān dōu yǒu jǐ bǎi liàng qìchē hé shàng qiān liàng zìxíngchē jīngguò zhèzuò qiáo. Xiànzài zhè zuò qiáo huài le, gōngrénmen zhèngzài jiājǐn xiūlǐ, hěn kuài jiù yào tōngchē le.

短　语

一辆汽车；一辆轿车；一辆出租汽车；一辆自行车；一辆坦克；一辆公共汽车；一辆无轨电车

生　词

1. 通车　　tōngchē　　be open to traffic
2. 卡车　　kǎchē　　lorry, truck
3. 轿车　　jiàochē　　car
4. 坦克　　tǎnkè　　tank
5. 无轨电车　wúguǐ diànchē　trackless trolley

[注解]

辆 and "bù 部" are interchangeable when used for vehicles.

| liè 列 | Train; series; group measure for a line of vehicles or for file of persons or things. |

情　景

这**列**火车有硬席车厢,也有软席车厢。硬席车厢在后边,软席车厢在前边。

Zhè liè huǒchē yǒu yìngxí chēxiāng, yě yǒu ruǎnxí chēxiāng. Yìngxí chēxiāng zài hòubian, ruǎnxí chēxiāng zài qiánbian.

短　语

一**列**货车；　一**列**横队；　一**列**纵队

生　词

1. 硬席　yìngxí　hard seats (on a train)

2. 软席　ruǎnxí　soft seats (on a train)

3. 货车　huòchē　goods train

4. 横队　héngduì　rank

5. 纵队　zòngduì　column, file

liǔ(r) 绺	Strand；lock；partitive measure for portion of hair，silk，or wool yarn hanging，clinging，or coiled.

情　景

你帮我剪剪头发吧！我的头发太长了，特别是前边这一绺儿头发，总挡着我的眼睛，看书写字都不方便。

Nǐ bāng wǒ jiǎnjian tóufa ba! Wǒ de tóufa tài cháng le，tèibié shì qiánbiān zhè yì liǔr tóufa，zǒng dǎngzhe wǒ de yǎngjing，kàn shū xiě zì dōu bù fāngbian.

短　语

一绺儿线；　一绺胡子

| luò(r) 摞 | Pile; stack; group measure for a heap of things laid more or less regularly upon one another. |

情　景

(1) 他准备写论文,每星期从图书馆借回来一**摞**书。看完了还回去,又借回一**摞**书,看完了再还回去。这样,花了半年的时间,终于写完了论文。

（1）Tā zhǔnbèi xiě lùnwén, měi xīngqī cóng túshūguǎn jiè huílai yí luò shū. Kàn wánle huán huíqu, yòu jièhuí yí luò shū, kàn wánle zài huán huíqu. Zhèyàng, huāle bàn nián de shíjiān, zhōngyú xiěwánle lùnwén.

(2) 我家的碗柜是两层的,上层放着两**摞**碗、一**摞**盘子;下层放着油、盐、糖等东西。

（2）Wǒ jiā de wǎnguì shì liǎng céng de, shàng céng fàngzhe liǎngluò wǎn, yí luò pánzi; xià céng fàngzhe yóu, yán, táng děn dōngxi.

短　语

一摞报；　一摞本子；　一摞杂志；　一摞衣服；　一摞筐；　一摞砖

生　词

1. 论文	lùnwén	thesis	4. 盐	yán	salt
2. 终于	zhōngyú	finally	5. 筐	kuāng	basket
3. 碗柜	wǎnguì	cupboard			

| méi 枚 | Piece: individual measure for badges, stamps, or some small, round-or cone-shaped things. |

情 景

那位将军年轻的时候,经历过两次战争,得了好几**枚**勋章。每次参加大会的时候,他都把那些勋章戴在胸前。

Nà wèi jiāngjūn niánqīng de shíhou, jīnglì guò liǎng cì zhànzhēng, déle hǎo jǐ méi xūnzhāng. Měi cì cānjiā dàhuì de shíhou, tā dōu bǎ nàxiē xūnzhāng dàizài xiōng qián.

短 语

一枚纪念章; 一枚导弹; 一枚邮票; 一枚棋子; 一枚硬币

生 词

1.将军	jiāngjūn	general	4.纪念章	jìniànzhāng	souvenir badge
2.勋章	xūnzhāng	medal	5.导弹	dǎodàn	guided missile
3.胸	xiōng	bosom	6.硬币	yìngbì	coin, specie

| mén(r) 门 | 1. Individual measure for marriages, relatives, etc. |

情 景

我家有好几门亲戚都在国外。每年圣诞节前,我都买很多礼物给他们寄去,他们也买很多礼物给我寄来。

Wǒ jiā yǒu hǎo jǐ mén qīnqi dōu zài guówài. Měi nián Shèngdànjié qián, wǒ dōu mǎi hěn duō lǐwù gěi tāmen jìqu, tāmen yě mǎi hěn duō lǐwù gěi wǒ jìlai.

短 语

一门亲事

生 词

1. 圣诞节　　Shèngdàn jié　　Christmas Day
2. 亲事　　　qīnshì　　　　　marriage

[注解]

Here 门 and 家 are interchangeable when they are used for relatives. See also "jiā 家 1".

2. Individual measure for canons. No retroflexion of the vowel for this usage.

情　景

当我们走进展览室的时候，看到那里放着一门大炮。老师告诉我们说，那门大炮有一百多年的历史了。

Dāng wǒmen zǒujìn zhǎnlǎnshì de shíhou, kàndào nàli fàngzhe yì mén dàpào. Lǎoshī gàosu wǒmen shuō, nà mén dàpào yǒu yìbǎi duō nián de lìshǐ le.

生　词

1. 大炮　dàpào　artillery, cannon

3. Branch：individual measure for courses in a school，branch of knowledge，

subject of instruction，etc.

情　景

(1) 这学期我们只有四门课。一门
汉语课、一门英语课、一门历史课，
还有一门体育课。所以我们不太
忙。

(1)Zhè xuéqī wǒmen zhǐ yǒu sì mén kè. Yì mén Hànyǔ kè, yì mén Yīngyǔ kè, yì mén lìshǐ kè, háiyǒu yì mén tǐyù kè. Suǒyǐ wǒmen bú tài máng.

(2) 修理汽车这门技术掌握起来
不太难。只要认真学习,有半年的
时间就差不多了。

(2)Xiūlǐ qìchē zhè mén jìshù zhǎngwò qilai bú tài nán. Zhǐyào rènzhēn xuéxí, yǒu bàn nián de shíjiān jiù chàbuduō le.

(3) 他从小就对做衣服感兴趣。后
来正式跟一位老师傅学习了两年，
现在他已经学会了这门手艺。

(3)Tā cóng xiǎo jiù duì zuò yīfu gǎn xìngqù. Hòulái zhèngshì gēn yí wèi lǎo shīfu xuéxíle liǎng nián, xiànzài tā yǐjīng xuéhuìle zhè mén shǒuyì.

短　语

一门功课；　一门课程；　一门学问；　一门知识；　一门科学；　一门学科

生　词

1.兴趣	xìngqù	interest	5.课程	kèchéng	course
2.师傅	shīfu	master worker	6.知识	zhīshi	knowledge
3.手艺	shǒuyì	craftsmanship	7.学科	xuékē	branch of learning
4.功课	gōngkè	lesson			

miàn 面

Individual measure for things having an unbroken, horizontal, level surface, such as a mirror, drum, etc.

情 景

国庆节那天,我们学校门口挂着一**面**红旗,门的左右两边有两个红灯,红灯上有"国庆"两个大字。

Guóqìngjié nà tiān, wǒmen xuéxiào ménkǒu guàzhe yí miàn hóngqí, mén de zuǒyòu liǎngbiān yǒu liǎng ge hóng dēng, hóng dēng shang yǒu "Guóqìng" liǎng ge dà zì.

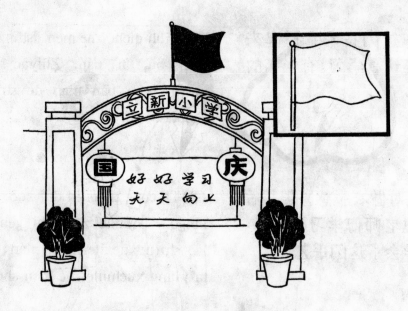

短 语

一**面**镜子; 一**面**鼓

生 词

1.红旗	hóngqí	red flag
2.镜子	jìngzi	mirror
3.鼓	gǔ	drum

míng 名	Individual measure for persons in general.

情 景

她的病很复杂，身体又比较虚弱。最好找一名经验丰富、医术高明的大夫来给她做这个手术。

Tā de bìng hěn fùzá, shēntǐ yòu bǐjiào xūruò. Zuìhǎo zhǎo yì míng jīngyàn fēngfù, yīshù gāomíng de dàifu lái gěi tā zuò zhège shǒushù.

短 语

一名学者； 一名医生； 一名工人

生　词

1. 复杂　　fùzá　　　complicated；
　　　　　　　　　　complex
2. 虚弱　　xūruò　　weak，in poor
　　　　　　　　　　health
3. 医术　　yīshù　　medical skill

4. 高明　　gāomíng　superb，excellent
5. 学者　　xuézhé　　scholar，learned
　　　　　　　　　　man
6. 医生　　yīshēng　doctor

[注解]
　名 is used in written language when counting the number of persons.

| pái 排 | Row: group measure for a line of persons or things. |

情 景

(1) 昨天看电影我去晚了, 剧场里很黑。我走到前边一看, 有两**排**座位是空的, 我就随便找了一个座位坐下了。

(1) Zuótiān kàn diànyǐng wǒ qù wǎn le, jùchǎng li hěn hēi. Wǒ zǒudào qián bian yíkàn, yǒu liáng pái zuòwèi shì kōng de, wǒ jiù suíbiàn zhǎole yí ge zuòwèi zuòxià le.

(2) 你看, 这两**排**树长得多好, 又高又直, 远远看去象一幅画儿一样。我们下车在这儿照几张相吧!

(2) Nǐ kàn, zhè liǎng pái shù zhǎng de duō hǎo, yòu gāo yòu zhí, yuǎnyuǎn kàn qù xiàng yì fú huàr yíyàng. Wǒmen xià chē zài zhèr zhào jǐ zhāng xiàng ba!

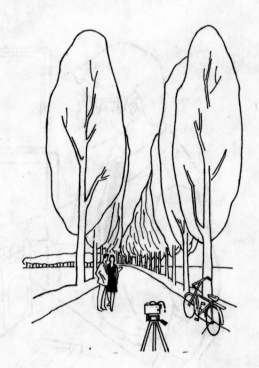

短 语

一排楼房; 一排果树; 一排整齐的牙齿; 一排人

生 词

1. 空　　　kōng　　　　vacant
2. 果树　　guǒshù　　　fruit tree

pán(r) 盘	1. Coil; individual measure for things of a shallow, usually circular, almost flat shape.

情　景

今天晚上电视台播放话剧。他准备好了几**盘**磁带,打算把那个话剧全部录下来,练习听力。

Jīntiān wǎnshang diànshìtái bōfàng huàjù. Tā zhǔnbèi hǎole jǐ pán cídài, dǎsuàn bǎ nàge huàjù quánbù lù xiàlai, liàngxí tīnglì.

短　语

一**盘**蚊香; 一**盘**电线; 一**盘**纸绳

1. 电视台　　diànshìtái　　　television station
2. 磁带　　　cídài　　　　　（magnetic）tape
3. 打算　　　dǎsuàn　　　　intend；plan

4. 蚊香　　　wénxiāng　　　mosquito-repellent incense
5. 电线　　　diànxiàn　　　electric wire

2. Game：individual measure for a game of chess or cards，or for any other board game.

情　景

我们一连下了四**盘**棋,前两**盘**他赢了,我输了。后两**盘**我赢了,他输了。现在我们正在下第五**盘**棋。

Wǒmen yìlián xiàle sì pán qí, qián liǎng pán tā yíng le, wǒ shū le. Hòu liǎng pán wǒ yíng le, tā shū le. Xiànzài wǒmen zhèngzài xià dì wǔ pán qí.

短　语

一**盘**象棋；　一**盘**围棋；　一**盘**跳棋

生　词

1.象棋	xiàngqí	(Chinese) chess
2.围棋	wéiqí	a game played with black and white pieces on a board consisting

		of lines intersecting at 361 point
3.跳棋	tiàoqí	Chinese checkers

3. Plate：container measure for contents of a plate.

情　景

星期六晚上,我去朋友家聊天。他爱人从冰箱里拿出来一**盘**儿哈蜜瓜和一**盘**葡萄干请我吃。她说,这些都是她刚从新疆带回来的。

Xīngqīliù wǎnshang, wǒ qù péngyou jiā liáotiān. Tā àiren cóng bīngxiāng li ná chūlai yì pánr hāmìguā hé yì pánr pútaogānr qǐng wǒ chī. Tā shuō, zhèxiē dōu shì tā gāng cóng Xīnjiāng dài huilai de.

短　语

一盘儿点心；　一盘儿菜；　一盘儿肉；　一盘儿花生

生　词

1. 哈蜜瓜　　hāmìguā　　　　Hami melon
2. 葡萄干儿　pútaogānr　　　raisin

| pī 批 | Batch: group measure for a group of persons or things. |

情　景

我想买一台电冰箱,跑了好几家商店也没有一个满意的。有人说,元旦前后可能要来一**批**新货,我只好等一等了。

Wǒ xiǎng mǎi yì tái diàn bīngxiāng, pǎole hǎo jǐ jiā shāngdiàn yě méi yǒu yí ge mǎnyì de. Yǒu rén shuō, Yuándàn qiánhòu kěnéng yào lái yì pī xī huò, wǒ zhǐhǎo děng yi děng le.

短　语

一批人；　一批产品；　一批生意；　在山上种了一批树

生　词

1. 电冰箱　diànbīngxiāng　refrigerator
2. 元旦　Yuándàn　New Year's Day
3. 货　huò　goods
4. 产品　chǎnpǐn　product

| pǐ 匹 | 1. Individual measure for horses, mules, camels. etc. |

情　景

(1) 这**匹**白色的马虽然又小又矮，可是跑得很快。那**匹**棕色的马虽然又高又大，可是没有那**匹**白马跑得快。

(1) Zhè pǐ báisè de mǎ suīrán yòu xiǎo yuò ǎi, kěshì pǎo de hěn kuài. Nà pǐ zōngsè de mǎ suīrán yòu gāo yòu dà, kěshì méi yǒu nà pǐ bá mǎ pǎo de kuài.

(2) 长城上的那几**匹**骆驼是为游人准备的。那次我们去长城，我还骑在一**匹**骆驼上照了几张相呢。

(2) Chángchéng shang de nà jǐ pǐ luòtuo shì wèi yóurén zhǔnbèi de. Nà cì wǒmen qù Chángchéng, wǒ hái qízài yì pǐ luòtuo shang zhàole jǐ zhāng xiàng ne.

短　语

一匹骡子

生 词

1. 棕色　　zōngsè　　brown
2. 骆驼　　luòtuo　　camel
3. 游人　　yóurén　　visitor, sightseer, traveller
4. 骡子　　luózi　　mule

2. Individual measure for a bolt of cloth.

情 景

　　那家新建的旅馆从商店买回来十几**匹**白布,准备做床单用,还买了几**匹**花布,准备做窗帘。

　　Nà jiā xīn jiàn de lǚguǎn cóng shāngdiàn mǎi huílai shíjǐ pǐ báibù, zhǔnbèi zuò chuángdān yòng, hái mǎile jǐ pǐ huābù, zhǔnbèi zuò chuānglián.

短 语

一**匹**棉布；　一**匹**绸缎

生 词

1. 白布　　báibù　　plain white cloth
2. 床单　　chuángdān　　sheet
3. 花布　　huābù　　cotton print
4. 窗帘　　chuānglián　　curtain
5. 棉布　　miánbù　　cotton cloth
6. 绸缎　　chóuduàn　　silks and satins

pian 篇	1. Individual measure for writings, e.g. prose, essay poetry, biography, etc.

情　景

(1)这**篇**文章写的是一个青年怎样从普通工人变为厂长的。人们看了很受启发。

(1)Zhè piān wénzhāng xiě de shì yí ge qīngnián zěnyàng cóng pǔtōng gōngrén biànwéi chǎngzhǎng de. Rénmen kànle hěn shòu qǐfā.

(2)他从上学那年起，每天都要写一**篇**日记，一直写到现在，从来也没间断过。

(2)Tā cóng shàng xué nà nián qǐ, měi tiān dōu yào xiě yì piān rìjì, yìzhí xiědào xiànzài, cónglái yě méi jiàn duàn guò.

短　语

一**篇**小说；　一**篇**故事；　一**篇**论文；　一**篇**稿子；　一**篇**社论

生　词

1.普通	pǔtōng	common, average, ordinary	3.启发	qǐfā	inspire, enlighten
2.厂长	chǎngzhǎng	factory director	4.日记	rìjì	diary
			5.稿子	gǎozi	manuscript
			6.社论	shèlùn	editorial

2. Sheet；leaf；partitive measure for a single sheet of paper forming two pages. This usage usually requires the retroflexion of the vowel.

情　景

他这个人不爱写信，几个月才给家里写一封信。每次信写得都很简单，一**篇**纸都写不满，有时候只写几个字。

Tā zhège rén bú ài xiě xìn, jǐ ge yuè cái gěi jiāli xiě yì fēng xìn. Měi cì xìn xiě de dōu hěn jiǎndān, yì piānr zhǐ dōu xiě bù mǎn, yǒu shíhou zhǐ xiě jǐ ge zì.

短　语

一**篇**稿纸；　一篇活页纸

生　词

1. 满　　　　mǎn　　　　full, filled

[注解]

Here 篇 is an equivalent of 张 when used for papers. See also "zhāng 张".

<table>
<tr><td>piàn 片</td><td>1. Slice: partitive measure for part or bit of a solid substance (complete in itself, but broken, separated, or made from a large portion).</td></tr>
</table>

情 景

他每天晚上都得吃两**片**安眠药,才能睡着。他吃了十几年了,已经习惯了,不吃就睡不着。

Tā měi tiān wǎnshang dōu děi chī liǎng piànr ānmiányào, cái néng shuìzháo. Tā chīle shí jǐ nián le, yǐjīng xíguàn le, bù chī jiù shuì bu zháo.

短 语

一片饼干; 一片面包; 一片肉; 一片馒头; 几片雪花; 几片白云

生 词

1. 安眠药　　ānmiányào　　sleeping pill
2. 馒头　　　mántou　　　steamed bread
3. 雪花　　　xuěhuā　　　snowflake

2. Stretch: partitive measure for a vast expanse of something.

情 景

十年以前这里还是一**片**稻田。现在这里盖起了一排一排的大楼,已经变成居民区了。

Shí nián yǐqián zhèlǐ hái shì yí piàn dàotián. Xiànzài zhèlǐ gài qǐle yì pái yì pái de dàlóu, yǐjīng biànchéng jūmínqū le.

短　语

一片原野；　一片麦田；　一片森林；　一片空地；　一片草地

生　词

1. 稻田	dàotián	paddy，rice field	5. 麦田	màitián	wheat field
2. 变成	biànchéng	become	6. 森林	sēnlín	forest
3. 居民区	jūmínqū	residential quarters	7. 空地	kòngdì	vacant lot，open ground
4. 原野	yuányě	open country	8. 草地	cǎodì	grassland

3. Partitive measure for scene，sound，speech，intention，etc.

情　景

最近他去农村参观了一次，回来以后高兴地对我们说："全国各地的农村都是一片丰收景象。"看样子，今年的农业产量比去年还要高。

Zuìjìn tā qù nóngcūn cānguānle yí cì, huílai yǐhòu gāoxìng de duì wǒmen shuō："Quánguó gè dì de nóngcūn dōushì yí piàn fēngshōu jǐngxiàng." Kànyàngzi, jīnnián de nóngyè chǎnliàng bǐ qùnián háiyào gāo.

短　语

一片欢腾；　一片嘈杂；　一片哭声；　一片胡言乱语；　一片真心；　一片心意；　一片好心

生 词

1. 欢腾　　huānténg　　great rejoicing
2. 嘈杂　　cáozá　　　 noisy
3. 胡言乱语　húyán luànyǔ　talk nonsense
4. 真心　　zhēnxīn　　whole　hearted，
　　　　　　　　　　　sincere

[注解]

Here 片 can be preceded only by the numeral 一.

| piě 撇 | Individual measure for things which look like the left-falling stroke of a Chinese character. |

情 景

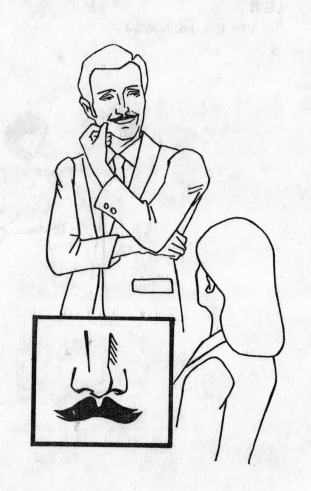

　　他认为留着两撇儿小胡子一定很漂亮，就留起来了。后来大家都说不好看，他又把胡子剃了。

　　Tā rènwéi liúzhe liǎng piěr xiǎo húzi yídìng hěn piàoliang, jiù liú qǐlai le. Hòulái dàjiā dōu shuō bù hǎokàn, tā yòu bǎ húzi tì le.

生 词

1. 胡子　　húzi　　　　beard, moustache
2. 剃　　　tì　　　　　shave

píng 瓶

Bottle; jar; container measure for bottles, etc.

情 景

她这次感冒没发烧,但是咳嗽得很厉害。昨天去医院看病,大夫给她开了一**瓶**咳嗽药。

Tā zhè cì gǎnmào méi fāshāo, dànshì késou de hěn lìhai. Zuótiān qù yīyuàn kàn bìng, dàifu gěi tā kāile yì píng késou yào.

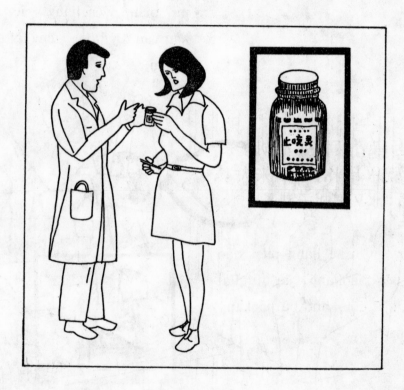

短 语

一**瓶**墨水; 一**瓶**浆糊; 一**瓶**酒; 一**瓶**油; 一**瓶**汽水; 一**瓶**胶水

生 词

1.墨水	mòshuǐ	ink	3.汽水	qìshuǐr	carbonated water
2.浆糊	jiànghú	paste	4.胶水	jiāoshuǐ	glue, mucilage

| qī 期 | Issue：individual measure for a magazine or other publication which appears at regular intervals，or in stages. |

情　景

（1）上一**期**《旅游》杂志上，有一篇关于中国少数民族的文章。我觉得那篇文章写得不错，看完以后增加了不少知识。

（1）Shàng yì qī《Lǚyóu》zázhì shang, yǒu yì piān guānyú Zhōngguó shǎoshùmínzú de wénzhāng. Wǒ juéde nà piān wénzhāng xiě de búcuò, kànwán yǐhòu zēngjiāle bù shǎo zhīshi.

（2）我们两个人都参加了那**期**英文打字训练班。她打得又快又好，错又少，我打得不如她。

（2）Wǒmen liǎng ge rén dōu cānjiāle nà qī Yīngwén dǎzi xùliànbān. Tā dǎde yòu kuài yòu hǎo, cuòr yòu shǎo, wǒ dǎ de bù rú tā.

短　语

一期学员；　一期毕业生

生　词

1. 训练班　　xùnliànbān　　training class

qǐ 起

Case: individual measure for an accident, event, or a happening, etc.

情 景

这个路口最近发生了两起交通事故，一起是因为司机喝酒以后开车，一起是因为骑自行车的人违反了交通规则。

Zhège lùkǒu zuìjìn fāshēngle liǎng qǐ jiāotōng shìgù, yì qǐ shì yīnwèi sījī hē jiǔ yǐhòu kāichē, yì qǐ shì yīnwèi qí zìxíngchē de rén wéifǎnle jiāotōng guīzé.

短 语

一起凶杀案；一起车祸；一起医疗事故

生 词

1. 司机　　sījī　　driver
2. 违反　　wéifǎn　　violate
3. 规则　　guīzé　　regulations
4. 凶杀案　xiōngshā'àn　a case of murder
5. 车祸　　chēhuò　　traffic accident
6. 医疗事故　yīliáo shìgù　unskillful and faulty medical treatment

quān(r) 圈

1. A round: individual measure for something in the shape of a circle.

情　景

对面的人行道上围着一圈人，我从远处看，有一个青年人站得很高，一边吆喝，一边用手比画着，好象在卖什么东西。

Duìmiàn de rénxíngdào shang wéizhe yì quānr rén, wǒ cóng yuǎnchù kàn, yǒu yí ge qīngniánrén zhàn de hěn gāo, yìbiān yāhe, yìbiān yòngshǒu bǐhuazhe, hǎoxiàng zài mài shénme dōngxi.

短　语

种了一圈松树；　摆了一圈椅子

生　词

1. 人行道　rénxíngdào　pavement
2. 吆喝　yāohe　hawk one's wares
3. 比画　bǐhua　gesticulate

2. A round: measure for certain actions, such as enclose, run, revolve, etc.

情　景

昨天天气很好,我们在校园里上了两节口语课。大家围了一圈坐在地上,一边晒太阳,一边练习说汉语。

Zuótiān tiānqì hěn hǎo, wǒmen zài xiàoyuán li shàngle liǎng jié kǒuyǔkè. Dàjiā wéile yì quānr zuòzài dìshang, yìbiān shài tàiyang, yìbiān liànxí shuō Hànyǔ.

短　语

跑了一圈; 找了一圈; 绕了一圈; 转了一圈

生　词

1. 校园　xiàoyuán　campus
2. 围　wéi　surround
3. 晒太阳　shài tàiyang　bask in the sun
4. 绕　rào　move around
5. 转　zhuàn　turn, rotate

| qún 群 | Crowd; flock; group measure for a number of persons or things gathered, or for a number of birds or animals of one kind. |

情　景

每天上午9点钟，幼儿园的老师就带着一**群**孩子出来做操，做完操，就让他们在操场上玩。

Měi tiān shàngwǔ jiǔ diǎn zhōng, yòu'éryuán de lǎoshī jiù dàizhe yì qún háizi chūlai zuòcāo, zuòwán zāo, jiùràng tāmen zài cāochǎng shang wánr.

短　语

一**群**人；　一**群**学生；　一**群**牛；　一**群**羊；　一**群**鸽子；　一**群**鸭子；　一**群**海岛

生　词

1. 牛　　niú　　ox
2. 羊　　yáng　　sheep
3. 鸽子　gēzi　　pigeon

4. 鸭子　yāzi　　duck
5. 海岛　hǎidǎo　island in the sea

shàn 扇

Individual measure for doors, window, screen, etc.

情　景

（1）我家的那**扇**窗让大风给吹开了，玻璃也碎了，桌子上的东西也都吹掉了。

（1）Wǒ jiā de nà shàn chuāng ràng dà fēng gěi chuī kāle, bōli yě suìle, zhuōzi shang de dōngxi yě dōu chuīdiào le.

（2）这**扇**门做得不合适，总关不严，一到冬天，屋子里的热气都从门缝跑了，所以特别冷。

（2）Zhè shàn mén zuò de bù héshì, zǒng guān bù yán, yí dào dōngtiān, wūzi lǐ de rèqì dōu cóng ménfèng pǎo le, suǒyǐ tèbié lěng.

短　语

一**扇**屏风；　一**扇**窗户

生　词

1. 碎　　　suì　　　be broken to pieces
2. 门缝　　ménfèng　 a crack between a door and its frame
3. 屏风　　píngfēng　screen

[注解]

一扇门 indicated a single part forming two leaves of a door.

一道门 deotes one of several doors.

sháo(r) 勺

Spoon：container measure for contents in a spoon.

情　景

她从来没做过菜,今天想做一次试试,结果做咸了。大家问她放了多少盐,她说:"我只放了两勺盐。"大家听了都笑起来了。

Tā cónglái méi zuòguò cài, jīntiān xiǎng zuò yí cì shìshi, jiéguǒ zuò xián le. Dàjiā wèn tā fàngle duōshao yán, tā shuō:"Wǒ zhǐ fàngle liǎng sháor yán." Dà jiā tīngle dōu xiào qǐlai le.

短　语

一勺汤；一勺饭；一勺菜；一勺糖

生　词

1.咸	xián	salty
2.汤	tāng	soup

shēn 身

1. Suit: group measure for a set of articles of outer clothing of the same material, especially upper and lower garment.

情 景

他结婚时做了一**身**新衣服，一直放在箱子里舍不得穿。现在他想拿出来穿，可是样子已经过时了。

Tā jiéhūn shí zuòle yì shēn xī yīfu, yìzhí fàngzài xiāngzi li shěbude chuān. Xiànzài tā xiǎng náchūlai chuān, kěshì yàngzi yǐjīng guòshí le.

短 语

一**身**西服

生 词

1. 过时　　　guòshí　　　　　out of date

2. Body: temporary measure for being covered all over by or with something.

情　景

（1）今天我打了一会儿篮球，出了一身汗，想洗个澡，可是现在没有热水，只好等晚上再洗了。

（1）Jīntiān wǒ dǎle yíhuìr lánqiú, chūle yì shēn hàn, xiǎng xǐ ge zǎo, kěshì xiànzài méi yǒu rè shuǐ, zhǐhǎo děng wǎnshang zài xǐ le.

（2）足球比赛以前，下了一阵雨，球场上有很多水。比赛结束的时候，差不多每个运动员都是一身泥。

（2）Zúqiú bǐsài yǐqián, xiàle yí zhèn yǔ, qiúchǎng shang yǒu hěn duō shuǐ. Bǐsài jiéshù de shíhou, chàbuduō měi ge yùndòngyuán dōu shì yì shēn ní.

短　语

一身水；　一身土；　一身血

[注解]
Here 身 can be preceded only by the numeral 一.

| shēng 声 | 1. Individual measure for that which is or can be heard. |

情 景

他平时睡觉很轻,只要一**声**响动他就醒。可是昨天夜里,响了好几**声**雷,他都没听见,可能白天太累了。

Tā píngshí shuìjiào hěn qīng, zhǐyào yì shēng xiǎngdòng tā jiù xǐng. Kěshì zuótiān yèlǐ, xiǎngle hǎo jǐ shēng léi, tādōu méi tīngjiàn, kěnéng báitiān tài lèi le.

生 词

1. 轻   qīng   gently, softly
2. 醒   xǐng   be awake
3. 响   xiǎng   noisy, loud

2. Measure for shout, cry, laugh, yell, etc.

情 景

请你通知他一**声**,今天下午有会。要是他不在家,你告诉他家里的人,让他下午两点一定来。

Qǐng nǐ tōngzhī tā yì shēng, jīntiān xiàwǔ yǒu huì. Yàoshì tā bú zài jiā, nǐ gàosù tā jiāli de rén, ràng tā xiàwǔ liǎng diǎn yí dìng lái.

短 语

告诉(他)一声; 问(他)一声; 喊(他)一声; 叫(他)一声; 转告(他)一声

生 词

1. 转告   zhuǎngào   pass on (a message)

| shǒu 手 | Hand: individual measure for a kind of skill, e.g., in shooting, or in doing a task. |

情　景

他从四岁就开始学习书法，到了十几岁已经能写一**手**好字了。去年他参加青年书法比赛还得了奖。

Tā cóng sì suì jiù kāishǐ xuéxí shūfǎ, dàole shíjǐ suì yǐjīng néng xiě yì shǒu hǎo zì le. Qùnián tā cānjiā qīngniá shūfǎ bǐsài hái déle jiǎng.

短　语

一**手**好枪法；　一**手**好手艺；　学一**手**；　露两**手**

生　词

1.书法	shūfǎ	calligraphy
2.枪法	qiāngfǎ	marksmanship
3.露	lòu	show (off)

| shǒu 首 | Individual measure for a piece of a poem or song. |

情　景

(1)她就喜欢唱那**首**歌,别的歌都不喜欢。每次表演节目她都唱那**首**歌,虽然听过很多次了,可是我还很爱听。

(1)Tā jiù xǐhuān chàng nà shǒu gē, bié de gē dōu bù xǐhuān. Měi cì biǎoyǎn jiémù tā dōu chàng nà shǒu gē, suīrán tīngguò hěn duō cì le, kěshì wǒ hái hěn ài tīng.

(2)这**首**诗一共才几十个字,可是我改了写,写了改,花了好几天的时间才写好。

(2)Zhè shǒu shī yígòng cái jǐshí ge zì, kěshì wǒ gǎile xiě, xiěle gǎi, huāle hǎo jǐ tiān de shíjiān cái xiěhǎo.

短　语

一首歌曲

生　词

1.歌曲　　gēqǔ　　　　song

[注解]

See also "zhī 支".

| shù 束 | Bunch；bundle；sheaf；group measure for a collection of things of the same sort placed or fastened together. |

情　景

孩子们每人手里拿着一**束**鲜花向主席台跑去。这时，会场上响起了热烈的掌声。

Háizimen měi ré shǒu li názhe yí shù xiānhuā xiàng zhǔxítái pǎoqù. Zhèshí, huìchǎng shang xiǎng qǐle rèliè de zhǎngshēng.

生　词

1. 掌声　　　zhǎngshēng　　　clapping，applause

[注解]

一束鲜花 can be said 一把鲜花. The former is used in written language and the latter for colloquial speech. See "bǎ 把 2".

| shuāng 双 | Pair: group measure for two things of the same kind to be used together. |

情 景

(1) 我新买的那**双**皮鞋,颜色、样子、质量都不错,穿起来也很舒服,就是贵了一点儿。

(1) Wǒ xīn mǎi de nà shuāng píxié, yánsè, yàngzi, zhìliàng dōu búcuò, chuān qilai yě hěn shūfu, jiùshì guìle yìdiǎnr.

(2) 我们两个人叫好了菜,服务员立刻把**两**双筷子、两个小盘、两把小勺放在我们面前。过了一会儿,饭菜就来了。

(2) Wǒmen liǎng ge rén jiào hǎole cài, fúwùyuán lìkè bǎ liǎng shuāng kuàizi, liǎng ge xiǎo pán, liǎng bǎ xiǎo sháo fàngzài wǒumen miànqián. Guòle yíhuìr, fàn cài jiù lái le.

短 语

一双手; 一双脚; 一双眼睛; 一双袜子

生 词

| 1. 皮鞋 | píxié | leather shoes | 3. 叫(菜) | jiào (cài) | order (dishes at a restaurant) |
| 2. 质量 | zhìliàng | quality | 4. 袜子 | wàzi | socks |

[注解]

双 is an alternative form of "duì 对". 双 and 对 are used for two corresponding persons or items. But 双 and 对 are slightly different: 对 is always used for husband and wife, pillows, vases, etc., otherwise 双 and 对 can be used interchangeably.

sōu 艘　Individual measure for seagoing vassel of considerable size.

情　景

我们坐的那**艘**轮船很新、很大。在船上可以看电影,吃的、住的都不错。大家都说坐这样的船旅行真舒服。

Wǒmen zuò de nà sōu lúnchuán hěnxīn, hěndà. Zài chuánshàng kěyǐ kàn diànyǐng, chī de, zhù de dōu búcuò. Dàjiā dōu shuō zuò zhèyàng de chuán lǚxíng zhēn shūfu.

短　语

一艘货轮；　一艘军舰；　一艘渔船；　一艘海轮

生　词

1. 轮船　　lúnchuán　　steamer
2. 货轮　　huòlún　　freighter
3. 军舰　　jūnjiàn　　warship
4. 渔船　　yúchuán　　fishing boat
5. 海轮　　hǎilún　　ocean ship

〔注解〕

Notice that 艘, "tiáo 条" and "zhī 只" are interchangeable for ships in general. 艘 is for steamers, warships, etc. 条 for ships of all kinds, and 只 for boats, small steamers, etc.

| suǒ 所 | Individual measure for a house or other structure. |

情　景

(1)他不喜欢城市生活,想在农村买一**所**房子,退休以后和妻子一起搬到那儿去住。

(1)Tā bù xǐhuan chéngshì shēnghuó, xiǎng zài nóngcūn mǎi yì suǒ fángzi, tuì xiū yǐhòu hé qīzǐ yìqǐ bāndào nàr qù zhù.

(2)那**所**医院虽然不大,可是大夫的医术很高明,所以每天来这里看病的人很多。

(2)Nà suǒ yīyuàn suīrán bú dà, kěshì dàifu de yīshù hěn gāomíng, suǒyǐ měi tiān lái zhèlǐ kàn bìng de rén hěn duō.

短　语

一所银行; 一所学校; 一所工厂; 一所邮局

| tái 台 | Individual measure for certain machines. |

情 景

(1)他们工厂今年买进来十几台新机器,把原来的旧机器都换掉了。现在产量比过去提高了很多。

（1）Tāmen gōngchǎng jīnnián mǎi jìnlai shíjǐ tái xīn jīqì, bǎ yuánlái de jiù jīqì dōu huàndiào le. Xiànzài chǎnliàng bǐ guòqù tígāole hěn duō.

(2)这台洗衣机刚用了一年就坏了。修了几次也没修好,所以一直放在那里没用。我想再买一台好一点儿的。

（2）Zhè tái xǐyījī gāng yòngle yìnián jiù huàile. Xiūle jǐ cì yě méi xiū hǎo, suǒyǐ yìzhí fàngzài nàlǐ méi yòng. Wǒ xiǎng zài mǎi yì tái hǎo yìdiǎnr de.

(3)他的那台 16 英寸的彩色电视机,让他女儿拿去了。他打算再去买一台 20 英寸的。我对他说,房间那么小,买 20 英寸的有点儿大了。

（3）Tā de nà tái shíliù yīngcùn de cǎisè diànshìjī, rà tā nǚ′ér náqu le. Tā dǎsuàn zài qù mǎi yì tái èrshí yīngcùn de. Wǒ duì tā shuō, fángjiān nàme xiǎo, mǎi èrshí yīngcùn de yǒu diǎnr dà le.

短 语

一台录相机; 一台打字机; 一台电子计算机

生 词

1.电子计算机 diànzǐ jìsuànjī electronic computer

[注解]
　　Here 台 is equivalent to 架; they are actually interchangeable when used for machines. See also "jià 架".

tān 摊

Partitive measure for quantity of water, mud, soft wet earth, or other liquid lying on a surface.

情　景

刚才这里出了交通事故,现在地上还有一**摊**血呢! 受伤的人已经被送到附近的医院去了。

Gāngcái zhèlǐ chūle jiāotōng shìgù, xiànzài dìshang hái yǒu yì tān xiě ne! Shòu shāng de rén yǐjīng bèi sòngdào fùjìn de yīyuàn qu le.

短　语

一**摊**泥; 一**摊**水

生　词

1. 交通事故　jiāotōng shìgù　traffic accident
2. 泥　　　　ní　　　　　　mud

| táng 堂 | Individual measure for a class period. |

情　景

　　我们上第一**堂**课的时候，老师用粉笔在黑板上写了"你好！""再见！"几个字。然后就带着我们念。

　　Wǒmen shàng dìyī táng kè de shíhou, lǎoshī yòng fěnbǐ zài hēibǎn shang xiěle "Nǐhǎo!" "Zàijiàn!" jǐ ge zì. Ránhòu jiù dàizhe wǒmen niàn.

短　语

一堂历史课；　一堂体育课

[注解]
堂 is an alternative form of "jié 节"；节 is used more frequently than 堂.

tàng 趟

1. Individual measure for a scheduled service of communication.

情　景

这是今天开往天津的最后一趟车了。如果你来不及坐这趟车走，那就只好等明天了。明天早上七点还有一趟车去天津。

Zhè shì jiāntiān kāiwǎng Tiānjīn de zuò hòu yí tàng chē le. Rúguǒ nǐ láibùjí zuò zhè tàng chē zǒu, nà jiù zhǐhǎo děng míngtiān le. Míngtiān zǎoshang qī diǎn hái yǒu yí tàng chē qù Tiānjīn.

短　语

一趟班机

生　词

1. 开往　　kāiwǎng　　(of a train, ship, bus, etc.) leave for, be bound for

2. 班机　　bānjī　　airliner

2. Measure for certain actions such as 去，来 etc.

情　景

上星期天我去修理录音机,那里的人说:"下星期天来取吧!"这个星期天我就去取了,可是没修理好,结果我白跑了一趟。

Shàng Xīngqītiān wǒ qù xiūlǐ lùyīnjī, nàlǐ de rén shuō: "Xià Xīngqītiān lái qǔ ba!" Zhège Xīngqītiān wǒ jiù qù qǔ le, kěshì méi xiūlíhǎo, jiéguǒ wǒ bái pǎole yí tàng.

短　语

去一趟；来一趟；走一趟；辛苦一趟

生　词

1. 白跑　　bái pǎo　　make a fruitless trip
2. 辛苦　　xīnkǔ　　hard, toilsome

[注解]
趟，"cì 次"，and "huí 回" are interchangeable when used for verbal measure.

| tào 套 | Set: group measure for a group of things used together or belonging together in some way, or for a group of persons who associate together in a certain activity. |

情　景

(1) 我想买一**套**西服,可是商店里卖的西服我都不满意。有的颜色不好,有的样子不好,所以总买不成。

(1) Wǒ xiǎng mǎi yí tào xīfú, kěshì shāngdiàn li mài de xīfú wǒ dōu bù mǎnyì. Yǒu de yánsè bù hǎo, yǒu de yàngzi bù hǎo, suǒyǐ zǒng mǎi bù chéng.

(2) 她有一百多张纪念邮票,其中有两**套**非常好看。她说那两**套**好看的邮票是一个外国朋友送给她的。

(2) Tā yǒu yìbǎi duō zhāng jìniàn yóupiào, qízhōng yǒu liǎng tào fēicháng hǎokàn. Tā shuō nà liǎng tào hǎokàn de yóupiào shì yí ge wàiguó péngyou sònggěi tā de.

(3)那个学生爱说谎,老师留的作业他没作完,就编了一**套**谎话对老师说,这两天他病了,发烧、头疼。

（3）Nàge xuésheng ài shuō huǎng, lǎoshī liú de zuòyè tā méi zuòwán, jiù biānle yí tào huǎnghuà duì lǎo shī shuō, zhè liǎng tiān tā bìng le, fāshāo, tóu téng.

短　语

　　一**套**规矩；　一**套**制度；　一**套**课本；　一**套**丛书；　一**套**房间；　一**套**家具；　一**套**办法；　一**套**班子；　一**套**人马；　一**套**衣服；　一**套**茶具；　一**套**手法

生　词

1.说谎	shuōhuǎng	tell a lie	5.丛书	cóngshū	a series of books
2.编	biān	fabricate, invent	6.班子	bānzi	organized group
3.规矩	guǐju	rule	7.茶具	chájù	tea set
4.制度	zhìdù	system	8.手法	shǒufǎ	trick

[注解]

　　"shēn 身" is usually used for a contrasting yet complementory set of clothes, while 套 for a suit of clothes or for other complete set of things or for an organized group of persons.

tiáo 条

1. Individual measure for anything of a long narrow piece.

情　景

(1) 沿着这**条**马路向前走,走到前边那座大楼那儿,就向右拐。然后再走一段路,就可以看见你要找的那家饭店了。

(1) Yánzhe zhè tiáo mǎlù xiàng qián zǒu, zǒudào qiánbiān nà zuò dàlóu nàr, jiù xiàng yòu guǎi. Ránhòu zài zǒu yí duàn lù, jiù kěyǐ kànjiàn nǐ yào zhǎo de nà jiā fàndiàn le.

(2) 商店里挂着各种各样的围巾,她不知道买哪一种的好。挑了半天才看中了一**条**蓝颜色的,可是她又嫌贵,最后还是没买。

(2) Shāngdiàn li guàzhe gè zhǒng gè yàng de wéijīn, tā bù zhīdào mǎi nǎ yì zhǒng de hǎo. Tiāole bàntiān cái kàn zhòngle yì tiáo lán yánsède, kěshì tā yòu xián guì, zuìhòu háishì méi mǎi.

(3) 从这儿到火车站走这**条**路比较近,一刻钟就能走到。要是坐公共汽车去也可以,但是也不省时间。

(3) Cóng zhèr dào huǒchēzhàn zǒu zhè tiáo lù bǐjiào jìn, yí kè zhōng jiù néng zǒudào. Yàoshì zuò gōnggòng qìchē qù yě kěyǐ, dànshì yě bù shěng shíjiān.

短　语

一条绳子; 一条带子; 一条腰带; 一条线; 一条裤子; 一条裙子; 一条毛巾; 一条床单; 一条被子; 一条毯子; 一条麻袋; 一条口袋; 一条标语; 一条路线; 一条沟; 一条河; 一条街; 一条船; 一条肥皂; 一条香烟

生　词

1. 拐	guǎi	turn		8. 毛巾	máojīn	towel
2. 围巾	wéijīn	muffler, scarf		9. 毯子	tǎnzi	blanket
3. 嫌(贵)	xián (guì)	think (sth. too expensive)		10. 麻袋	mádài	gunnysack
4. 省	shěng	save		11. 口袋	kǒudài	sack
5. 腰带	yāodài	waistband		12. 标语	biāoyǔ	slogan
6. 裤子	kùzi	trousers		13. 路线	lùxiàn	route, itinerary
7. 裙子	qúnzi	skirt		14. 沟	gōu	ditch
				15. 街	jiē	street

2. Individual measure for certain insects, or plants.

情　景

(1) 昨天晚上我肚子疼,就去医院看病了。大夫问我:"晚饭都吃了些什么?"我说:"吃了一**条**黄瓜、两根香肠。"大夫听了以后点点头。

(1) Zuótiān wǎnshang wǒ dùzi téng, jiù qù jīyuàn kàn bìng le. Dàifu wèn wǒ: "Wǎnfàn dōu chīle xiē shénme?" Wǒ shuō: "Chīle yì tiáo huángguā, liǎng gēng xiāngcháng." Dàifu tīngle yǐhòu diǎndiǎn tóu.

(2) 我们两个人坐在树下的椅子上看书,她突然叫了起来。我抬头一看,原来她身上有一**条**毛毛虫。

(2) Wǒmen liǎng ge rén zuòzài shù xià de yǐzi shang kàn shū, tā tūrán jiàole qǐlai. Wǒ tái tóu yí kàn, yuánlái tā shēn shang yǒu yì tiáo máomaochóng.

（3）每星期天他都到河边去钓鱼。一个上午就能钓上十几**条**鱼来。所以，差不多每星期，他都能吃上一顿新鲜鱼。

（3）Měi Xīngqītiān tā dōu dào hé biān qù diào yú. Yí ge shàng wǔ jiù néng diàoshàng shíjǐ tiáo yú lai. Suǒyǐ, chàbuduō měi xīngqī, tā dōu néng chīshang yí dùn xīxiān yú.

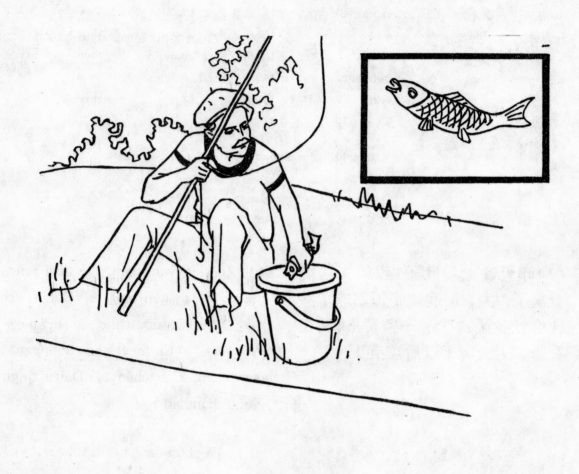

短　语

一条蛇；一条狗

生　词

1.钓鱼	diào yú	go fishing, angle		4.蛇	shé	snake
2.新鲜	xīnxiān	fresh		5.狗	gǒu	dog
3.毛毛虫	máomaochóng	caterpillar				

3. Individual measure for legs, arms, tails, etc.

情　景

我坐的时间太长了，两**条**腿都压麻了，走不了路了。站起来活动了半天才好。

Wǒ zuò de shíjiān tài cháng le, liǎng tiáo tuǐ dō yāmá le, zuǒ bù liǎo lù le. Zhàn qǐlai huódòngle bàntiān cái hǎo.

短　语

一**条**胳膊；　一**条**尾巴

生　词

1. 腿	tuǐ	leg		3. 麻	má	tingle
2. 压	yā	weigh down, press		4. 尾巴	wěiba	tail

4. Piece：individual measure for news, information, method, reason, etc.

情　景

他说的那**条**消息，一个月以前报上就登过了，谁都知道。可是，他还当做新闻跟大家讲，真有意思。

Tā shuō de nà tiáo xiāoxi, yí ge yuè yǐqiǎn bào shang jiù dēngguò le, shuí dōu zhīdao. Kěshì, tā hái dāngzuò xīnwén gēn dàjiā jiǎng, zhēn yǒu yìsi.

短　语

一**条**意见；　一**条**纪律；　一**条**理由

生　词

1. 消息　　xiāoxi　　news, information
2. 登　　　dēng　　publish
3. 新闻　　xīnwén　　news
4. 纪律　　jìlǜ　　discipline

5. Individual measure for human life.

情　景

那个孩子从三层楼的阳台上掉下来了，很幸运没摔死，只是腿上受了点伤，真是捡了一**条**命。

Nàge háizi cóng sān céng lóu de yángtái shang diào xiàlai le, hěn xìngyùn méi shuāisǐ, zhǐshì tuǐ shang shòule diǎn shāng, zhēnshì jiǎnle yì tiáo mìng.

生　词

1. 阳台　　yángtái　　balcony
2. 命　　　mìng　　life

| tiē 贴 | Dose; piece; partitive measure for medicated plaster. |

情　景

我的腰疼了快一个月了，吃了很多药也没好。后来中医大夫给了我两**贴**膏药，我贴了以后，果然慢慢地好了。

Wǒ de yāo téngle kuài yí ge yuè le, chīle hěn duō yào yě méi hǎo. Hòulái zhōngyī dàifu gěile wǒ liǎng tiē gāoyao, wǒ tiēle yǐhòu, guǒrán mànman de hǎo le.

生　词

1. 膏药　　gāoyào　　　plaster
2. 果然　　guǒrán　　　sure enough, really

tǒng 筒	Tube: container measure for a long, hollow cylinder made of metal or other materials for holding or conveying articles or goods.

情　景

他买了**两筒**茶叶和两瓶酒作为圣诞节的礼物送给了他的朋友。

Tā mǎile liǎng tǒng cháyè hé liǎng píng jiǔ zuòwéi Shèngdànjié de lǐwù sònggěile tā de péngyou.

短　语

一筒油漆；　一筒饼干

生　词

1. 油漆　　　yóuqī　　　　　paint

tóu 头

1. Head: individual measure for domestic or wild animals, etc.

情 景

两年前这户农民只有一**头**奶牛,现在已经有十几**头**了。他打算在今后一两年内办成一个奶牛场。

Liǎng nián qián zhè hù nóngmín zhǐ yǒu yì tóu nǎiniú, xiànzài yǐjīng yǒu shíjǐ tóu le. Tā dǎsuàn zài jīnhòu yì liǎng nián nèi bànchéng yí ge nǎiniúchǎng.

短 语

一头牛；一头驴；一头猪；一头羊；一头象

生 词

1.奶牛	nǎiniú	milch cow
2.驴	lú	donkey

头 is an alternative form of 口 when used for pigs. See also "kǒu 口 2".

2. Individual measure for garlic.

情　景

今天我买了一条大鱼。人家告诉我说，做鱼最好放一点儿蒜，我就顺便买了几**头**蒜回来了。

　　Jīntiān wǒ mǎile yì tiáo dà yú. Rénjia gàosu wǒ shuō, zuò yú zuì hǎo fàng yìdiǎnr suàn, wǒ jiù shùnbiàn mǎile jǐ tuó suàn huílai le.

生　词

1. 顺便　　shùnbiàn　　conveniently, in passing

| tuán 团 | Lump; mass; partitive measure for material gathered, rolled, or wound into a round mass. |

情 景

他给他的女朋友写信,写了几行觉得不好,把纸团了,又写了几行,又团了。最后那些信纸都变成了一**团团**废纸,信也没写成。

Tā gěi tā de nǔ péngyou xiě xìn, xiěle jǐ háng jué de bù hǎo, bǎ zhǐ tuán le, yòu xiěle jǐ háng, yòu tuán le. Zuìhòu nàxiē xìnzhǐ dōu biàn chéngle yì tuántuán fèizhǐ, xìn yě méi xiěchéng.

短 语

一**团**毛线; 一**团**棉花

Individual measure for a large pill of traditional Chinese medicine.

情 景

西医大夫给我开的几种药我都吃了,可是病还不好。我又去看中医,中医大夫给我开了两种中药,我吃了几**丸**病就好了。

Xīyī dàifu gěi wǒ kāi de jǐ zhǒng yào wǒ dōu chīle, kěshì bìng hái bù hǎo. Wǒ yòu qù kàn zhōngyī, zhōngyī dàifu gěi wǒ kāile liǎng zhǒng zhōngyào, wǒ chīle jǐ wán bìng jiù hǎo le.

| wǎn 碗 | Bowl: container measure for deep, round, hollow vessel; contents of such a bowl. |

情　景

我今天早上没吃东西就走了。中午饿极了，吃了一大**碗**饭，一个馒头，还吃了许多菜，好像还没吃饱似的。

Wǒ jīntiān zǎoshang méi chī dōngxi jiù zǒule. Zhōngwǔ è jí le, chīle yí dà wǎn fàn, yí ge mántou, hái chīle xǔduō cài, hǎoxiàng hái méi chībǎo shìde.

短　语

一碗菜；一碗茶；一碗汤；一碗面

| wèi 味 | Ingredient: partitive measure for ingredients of a Chinese prescription. |

情　景

药店的人告诉我说："这两味药没有，你让大夫给你换两味吧，或者你到别的药店去看一看。"

Yàodiàn de rén gàosu wǒ shuō: "zhè liǎng wèi yào méi yǒu, nǐ ràng dàifu gěi nǐ huàn liǎng wèi ba, huòzhě nǐ dào biéde yàodiàn qù kàn yikàn."

| wèi 位 | Individual measure for people (polite form). |

情　景

今天我家来了两位客人，一位是我的老同学，另一位是他的爱人。我们很长时间没见了，所以在一起谈得很高兴。

Jīntiān wǒ jia láile liǎng wèi kèren, yíwèi shì wǒde lǎo tóngxué, lìng yí wèi shì tā de àiren. Wǒmen hěn cháng shíjiān méi jiàn le, suǒyǐ zài yìqǐ tánde hěn gāoxìng.

短　语

一位代表；　一位老人；　一位领导

[注解]

位 is a polite form of "gè 个", generally used for persons of high social rank.

WŌ 窝

1. Nest; litter; group measure for all sorts of small animals or insects.

情景

前几天我们去农村栽树，挖坑的时候，发现了一**窝**田鼠，至少有七八只。我打死了三只，剩下的那几只都跑了。

Qián jǐ tiān wǒmen qù nóngcūn zāi shù, wā kēng de shíhou, fāxiànle yì wō tiánshǔ, zhìshǎo yǒu qī-bā zhī. Wǒ dǎ sǐle sān zhī, shèngxia de nà jǐ zhī dōu pǎo le.

短语

一窝鸡；一窝鸟；一窝兔子；一窝小狗；一窝小猫；一窝蚂蚁

生　词

1. 田鼠	tiánshǔ	vole	4. 兔子	tùzi	rabbit
2. 至少	zhìshǎo	at least	5. 猫	māo	cat
3. 鸟	niǎo	bird	6. 蚂蚁	máyí	ant

2. Nest；litter；group measure for all the newly born young ones of an animal or all the young birds hatched at one time in a nest.

情　景

他家那只老母猪去年下了一**窝**小猪。这些小猪现在都长得又肥又大，每只都有七八十斤。他们打算把这些猪卖了，买一头奶牛。

Tā jiā nà zhī lǎo mǔzhū qùnián xiàle yì wō xiǎo zhū. Zhèxiē xiǎo zhū xiànzài dōu zhǎngde yòu féi yòu dà, měi zhī dōu yǒu qī-bāshí jīn. Tāmen dǎsuàn bǎ zhèxiē zhū mài le, mǎi yì tóu nǎiniú.

短　语

下了一**窝**兔子；　下了一**窝**小猫；　下了一**窝**耗子

生　词

1. 母猪	mǔzhū	sow	
2. 肥	féi	fat	
3. 耗子	hàozi	rat, mouse	

| xí 席 | Group measure for talking. |

情 景

中学毕业的时候,学校给我们
开了一次欢送会。老师在会上讲的
一席话,到现在我还记得很清楚。

Zhōngxué bìyè de shíhòu,
xuéxiào gěi wǒmen kāile yí cì
huānsònghuì. Lǎoshī zài huì shang
jiǎng de yìxí huà, dào xiànzài wǒ hái
jìde hěn qīngchǔ.

生 词

1. 欢送会　huānsònghuì　farewell meeting

[注解]
　席 is usually used in written language, preceded by the numeral 一.

| xià(r) 下 | Stroke：measure for verbs indicating the time an action is done in. |

情 景

我住在五层楼上。我的朋友来找我，他不想上楼，就在楼下喊我。我打开窗户告诉他："请你等一下，我马上就下去。"

Wǒ zhùzài wǔ céng lóu shang. Wǒ de péngyou lái zhǎo wǒ, tā bù xiǎng shàng lóu, jiù zài lóu xià hǎn wǒ. Wǒ dǎkāi chuānghu gàosu tā: "Qǐng nǐ děng yí xiàr, wǒ mǎshàng jiù xiàqu."

短 语

打一下儿；敲一下儿；去一下儿；来一下儿；问一下儿；看一下儿；想一下儿；打听一下儿；研究一下儿；讨论一下儿；商量一下儿；考虑一下儿

xiàng 项

Item; clause; individual measure for something stipulated, planned, an item included in enumeration, or an account of facts, events, etc.

情　景

(1)现在的情况和一年以前不一样了,原来的那些办法,现在实行不下去了。应该讨论一下,赶快做出一**项**新的决定。

（1）Xiànzài de qíngkuàng hé yì nián yǐqián bù yíyàng le, yuánlái de nàxiē bànfǎ, xiànzài shíxíng bú xiàqù le. Yīnggāi tǎolùn yí xiàr, gǎnkuài zuòchū yí xiàng xīn de juédìng.

(2)学校举行运动会,共有二十几个比赛项目。我参加了一**项**跳高,一**项**跳远,还参加了一**项**百米赛跑。

（2）Xuéxiào jǔxíng yùndònghuì, gòng yǒu èrshíjǐ ge bǐsài xiàngmù. Wǒ cānjiāle yí xiàng tiàogāo, yí xiàng tiàoyuǎn, hái cānjiāle yí xiàng bǎi mǐ sàipǎo.

短　语

一项指示；　一项声明；　一项工程；　一项工作；　一项任务；　一项比赛；　一项记录；　一项收入；　一项开支；　一项议程；　一项条件；　一项内容；　一项活动

生　词

1.实行	shíxíng	put into practice	7.工程	gōngchéng	engineering, project
2.跳高	tiàogāo	high jump	8.决议	juéyì	resolution
3.跳远	tiàoyuǎn	long jump	9.任务	rènwù	task
4.赛跑	sàipǎo	race	10.记录	jìlù	record, minutes
5.指示	zhǐshì	instruction, directive	11.议程	yìchéng	agenda
6.声明	shēngmíng	statement, declaration			

xiē 些	Some; an amount of; a number of: partitive measure for indefinite amount or number.

情　景

这**些**日子他没接到家里的信，很着急。昨天他给家里打了一个长途电话，知道家里没什么事儿，他才放下心来。

Zhè xiē rìzi tā méi jiēdào jiālǐ de xìn, hěn záojí. Zuótiān tā gěi jiālǐ dǎle yí ge chángtú diànhuà, zhīdao jiālǐ méi shéme shìr, tā cái fàngxia xīn lai.

短　语

一**些**人； 一**些**事情； 一**些**东西； 一**些**问题； 一**些**好处； 一**些**话； 一**些**时候； 有**些**道理

生　词

1. 长途	chángtú	long-distance
2. 放心	fàngxīn	set one's mind at rest

yá(r) 牙

Section: individual measure for part or bit of a solid substance (complete in itself, but broken off or separated).

情　景

我在路上走渴了，买了两牙西瓜，吃了以后还不解渴，又买了两瓶汽水，喝下去以后才不渴了。

Wǒ zài lù shang zǒu kě le, mǎile liǎng yár xīguā, chīle yǐhòu hái bù jiě kě, yòu mǎile liǎng píng qìshuǐ, hē xia qu yǐhòu cái bù kě le.

短　语

一牙哈密瓜；一牙儿饼

生　词

1. 渴　　　kě　　　　　be thirsty
2. 解(渴)　jiě(kě)　　quench (one's thirst)

3. 哈密瓜　hāmìguā　　Hami melon

| yǎn 眼 | Individual measure for wells. |

情 景

以前，我们村的人吃水、用水都靠那一眼井，现有家家户户都用上了自来水，那井就没用了。

Yǐqián, wǒmen cūn de rén chīshuǐ, yòng shuǐ dōu kào nà yì yǎn jǐng, xiànzài, jiājiā hùhù dōu yòng shangle zìláishuǐ, nà jǐng jiù méi yòng le.

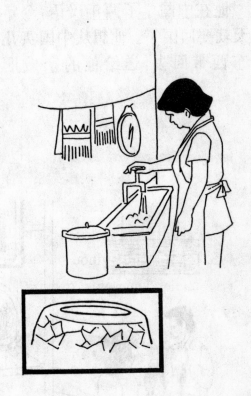

短 语

一眼泉水

生 词

1. 靠　　kào　　rely on
2. 井　　jǐng　　well

3. 家家户户　jiājiā hùhù　each and every family
4. 自来水　zìláishǐ　tap water

[注解]

　眼 is an alternative of 口 when used for a well. See also "kǒu 口 3".

| yàng(r) 样 | Kind; sort; individual measure for a variety of material objects. |

情 景

他在中国学了两年汉语，今年夏天就要回国了。他想从中国买几**样**东西带回去，送给他的亲戚朋友。

Tā zài Zhōngguó xuéle liǎng nián Hànyǔ, jīnnián xiàtiān jiù yào huí guó le. Tā xiǎng cóng Zhōngguó mǎi jǐ yàng dōngxi dài huiqu, sònggěi tāde qīnqi péngyou.

短 语

几样儿菜； 两样点心； 三样水果

| yè 页 | Page：partitive measure for one side of a sheet of paper in a book，periodical，etc. |

情 景

这部小说他写了四五年才写完。当他抄完最后一**页**稿纸的时候，他高兴得跳起来了。

Zhè bù xiǎoshuō tā xiěle sì-wǔ niǎn cǎi xiěwán. Dāng tā chāowán zuì hòu yí yè gǎozhǐ de shíhou, tā gāoxìng de tiào qǐlai le.

短 语

一**页**讲义； 看了几**页**书

生 词

1. 讲义　　jiǎngyì　　teaching materials

zhǎn 盏

Individual measure for lamps.

情 景

舞会开始了,他先把那几**盏**彩灯打开,然后又把大厅里那几**盏**日光灯关上。音乐响了以后,大家就跳起舞来了。

Wǔhuì kāishǐ le, tā xiān bǎ nà jǐ zhǎn cǎidēng dǎkāi, ránhòu yòu bǎ dàtīng lǐ nà·jǐ zhǎn rìguāngdēng guānshang. Yīnyuè xiǎngle yǐhòu, dàjiā jiù tiàoqǐ wǔ lai le.

生 词

1. 彩灯　cǎidēng　cloured lantern or light
2. 大厅　dàtīng　hall
3. 日光灯　rìguāngdēng　fluorescent lamp

zhàn 站	Station; stop; individual measure for distance between two stopping places for railway trains, buses, etc.

情 景

这里离你要去的地方只有三、四**站**路，可是要换两次车，很不方便。要是从这条小路走着去，十几分钟就可以到了。

Zhèlǐ lí nǐ yào qù de dìfang zhǐyǒu sān-sì zhàn lù, kěshì yào huàn liǎng cì chē, hěn bù fāngbiàn. Yàoshì cóng zhè tiáo xiǎolù zǒuzhe qù, shíjǐ fēnzhōng jiù kěyǐ dào le.

zhāng 张

Sheet: individual measure for flat things or things with a flat surface, e. g., paper, leather, etc.

情 景

(1)这间宿舍很干净,布置得也很漂亮。西边墙上贴着几**张**画,东边墙上挂着一**张**世界地图,桌子上还摆着一盆花。

（1）Zhè jiān sùshè hěn gānjing, bùzhi de yě hěn piàoliang. Xī biān qiáng shang tiēzhe jǐ zhāng huà, dōng biān qiáng shang guàzhe yì zhāng shìjiè dìtú, zhuōzi shang hái bǎizhe yì pén huār.

(2)到一个新的城市,最好先买一**张**交通图,这样,坐车、走路就方便了,到哪儿去也不会迷路了。

（2）Dào yí ge xīn de chéngshì, zuìhǎo xiān mǎi yì zhāng jiāotōngtú, zhèyàng, zuòchē, zǒulù jiù fāngbiàn le, dào nǎr qù yě bú huì mílù le.

(3)这种纸每**张**能抄四百个字。他的那篇文章大概有一万字,你算一算得用多少**张**纸。

（3）Zhèzhǒng zhǐ měi zhāng néng chāo sìbǎi ge zì. Tā de nà piān wénzhāng dàgài yǒu yíwàn zì, nǐ suàn yisuàn děi yòng duōshǎo zhāng zhǐ.

(4)下个月我要经常出去办事,所以想买一**张**月票。我觉得有了月票比较方便,而且也比较省钱。

（4）Xià ge yuè wǒ yào jīngcháng chūqu bànshì, suǒyǐ xiǎng mǎi yì zhāng yuèpiào. Wǒ juéde yǒule yuèpiào bǐjiào fāngbiàn, érqiě yě bǐjiào shěngqián.

(5)刚才你手里的那**张**牌多好啊！我想你一定能赢了，可是结果你又输了，你可真不会玩牌。

（5）gāngcái nǐ shǒu li de nà zhāng pái duō hǎo a! Wǒ xiǎng nǐ yídìng néng yíng le, kěshì jiéguǒ nǐ yò shū le, nǐ kě zhēn bú huì wánr pái.

(6)布告牌上贴了一**张**通知，很多人都在那儿看。我也走过去看，原来是关于春节放假的事。

（6）Bùgàopái shang tiēle yì zhāng tōngzhī, hěn duō rén dōu zài nàr kàn. Wǒ yě zǒu guòqù kàn, yuánlai shì guānyú Chūnjié fàng jià de shì.

(7)我三岁的时候父亲就去世了。我不知道父亲长的什么样儿，因为他一**张**照片也没留下。

（7）Wǒ sān suì de shíhou fùqin jiù qùshì le. Wǒ bù zhīdào fùqin zhǎng de shénme yàngr, yīnwéi tā yì zhāng zhàopiānr yě mei liúxia.

(8)这些排球运动员又高又大,个子都在一米九以上。旅馆特地给他们准备了十几张两米多长的床,运动员们都非常满意。

（8）Zhèxiē páiqiú yùndòngyuán yòu gāo yòu dà, gèzi dōu zài yì mǐ jiǔ yǐ shàng. Lǚguǎn tèdì gěi tāmen zhǔnbèi le shíjǐ zhāng liǎng mǐ duō cháng de chuáng, yùndòngyuánmen dōu fēicháng mǎnyì.

短　语

一张桌子；一张票；一张扑克牌；一张皮；一张饼；一张表格；一张钞票；一张地图；一张脸

生　词

1. 盆	pén	basin, tub	7. 牌	pái	cards
2. 交通图	jiāotōngtú	traffic map	8. 布告牌	bùgàopái	notice board
3. 算	suàn	calculate, reckon	9. 连	lián	even
4. 办事	bànshì	handle affairs, work	10. 饼	bǐng	a round, flat cake
5. 月票	yuèpiào	monthly ticket	11. 表格	biǎogé	form, table
6. 省钱	shěngqián	save money	12. 钞票	chāopiào	bill

[注解]

张 and 篇 are identical in meaning when they are used for papers. 篇 is somewhat more colloquial. See also "piān 篇 2".

2. Individual measure for bows, mouths, etc.

情　景

我小时候家里很穷，一家五口人只有我父亲一个人工作。他常常对人说："家里有四**张**嘴等着我吃饭呢！"

Wǒ xiǎo shíhou jiāli hěn qióng, yì jiā wǔ kǒu rén zhǐyǒu wǒ fùqin yí ge rén gōngzuò. Tā chángcháng duì rén shuō："Jiāli yǒu sì zhāng zuǐ děngzhe wǒ chīfàn ne！"

短　　语

一张弓

生　　词

1. 弓　　　gōng　　　bow

| zhèn 阵 | 1. Individual measure for a period or step of an action that happens suddenly. |

情 景

(1) 开会的时候他坐在那儿睡着了。会场里突然响起了一**阵**热烈的掌声。这时,他才知道大会已经开完了。

(1) Kāihuì de shíhou tā zuòzài nàr shuìzháo le. Huìchǎng lǐ tūrán xiǎngqǐ le yí zhèn rèliè de zhǎngshēng. Zhèshí, tā cái zhīdao dàhuì yǐjīng kāiwán le.

(2) 我们走在半路遇上了一**阵**大雨。我们没带雨衣,也没带雨伞,就跑进一家商店。在那儿等了半个多小时,雨才停。

(2) Wǒmen zǒuzài bànlù yù shangle yí zhèn dà yǔ. Wǒmen méi dài yǔyī, yě méi dài yǔsǎn, jiù pǎojìn yì jiā shāngdiàn. Zài nàr děngle bàn ge duō xiǎoshí, yǔ cái tíng.

短　　语

一阵枪声；　一阵骚动；　一阵风

生　　词

1. 半路　　　bànlù　　　on the way
2. 雨衣　　　yǔyī　　　raincoat

3. 骚动　　　sāodòng　　disturbance, tumult

2. Measure for a period of time.

情　　景

不知为什么,她常常头疼,刚才,又疼了一**阵**,这次疼的时间比较长。她想下星期到大医院去检查一下儿。

Bù zhī wèi shénme, tā chángcháng tóuténg, gāngcái, yòu téngle yí zhèn, zhè cì téng de shíjiān bǐjiào cháng. Tā xiǎng xià xīngqī dào dà yīyuàn qù jiǎnchá yí xiàr.

短　　语

说一阵；哭一阵；笑一阵；闹一阵；忙一阵；折腾一阵

生　　词

1. 折腾　.　zhēteng　　do something over and over again

| zhī 支 | 1. Individual measure for troops. |

这一**支**文艺小分队一共有十几个人，每个人都能唱歌，会跳舞，也能演话剧。他们常常到边疆去给战士们演出。

Zhè yì zhī wéyì xiǎofēnduì yígòng yǒu shíjǐ ge rén, měi ge rén dōu néng chànggē, huì tiàowǔ, yě néng yǎn huàjù. Tāmen chángcháng dào biānjiāng qù gěi zhànshimèn yǎnchū.

短　　语

一**支**力量；　一**支**队伍；　一**支**军队

生　　词

1. 边疆　　　biānjiāng　　　border area

2. Individual measure for songs, melodies, etc.

情　　景

她非常喜欢这**支**歌，就把它录了下来。一天听好几遍，现在她们一家都会唱了。

Tā fēicháng xǐhuān zhè zhī gēr, jiù bǎ tā lùle xiàlai. Yì tiān tīng hǎo jǐ biàn, xiànzài tāmen yì jiā dōu huì chàng le.

短　　语

一支民歌；　一支曲子

生　词

1. 民歌　　　　míngē　　　　folk song

〔注解〕

支 is an alternative form of "shǒu 首" when used for songs.

3. Individual measure for rod-shaped things. Similar to "zhī 枝".

| zhī 只 | 1. One of a pair; individual measure for one of two things of the same kind used together. |

情　景

(1)有一天我去商店买东西,走出商店以后,发现少了一**只**手套。我就回去问商店里的人,他们都说没看见。第二天才发现那**只**手套就在我的书包里。

(1)Yǒu yì tiān wǒ qù shāngdiàn mǎi dōngxi, zǒuchū shāngdiàn yǐhòu, fāxiàn shǎo le yì zhī shǒutào. Wǒ jiù huíqù wèn shāngdiàn li de rén, tāmen dōu shuō méi kànjiàn. Dì-èr tiān cái fāxiàn nà zhī shǒutào jiù zài wǒ de shūbāo li.

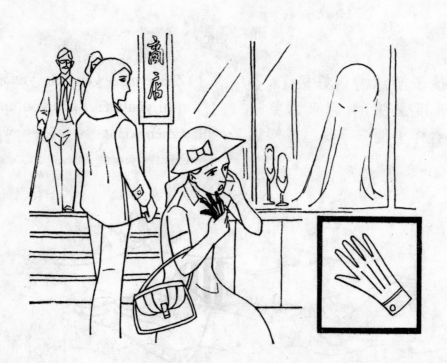

(2)我的两**只**脚太大,买鞋很困难。一般的鞋店都没有那么大号儿的,我只好去定做一双了。

(2)Wǒ de liǎng zhī jiǎo tài dà, mǎi xié hěn kùnnan. Yìbān de xiédiàn dōu méi yǒu nàme dà hàor de, wǒ zhǐhǎo qù dìngzuò yì shuāng le.

短　语

两只耳朵；　两只手；　两只眼睛；　一只袜子；　一只耳环；　两只鞋

生　词

1. 号儿	hàor	size	3. 耳朵	ěrduo	ear
2. 定做	dìngzuò	have something made to order			

2. Individual measure for some animals or insects.

情　景

(1) 这个孩子游泳游得好极了，姿势又美，速度又快，看起来真象一只青蛙。看样子他一定受过专门训练。

(1) Zhège háizi yóuyǒng yóude hǎo jí le, zīshì yòu měi, sùdù yòu kuài, kàn qilai zhēn xiàng yì zhī qīngwā. Kàn yàngzi tā yídìng shòuguò zhuānmen xùnliàn.

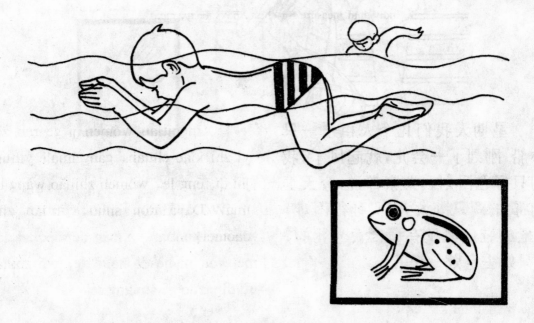

(2)这只鸡一直很爱下蛋，这几天突然不下了。妈妈说，如果我们总吃不到蛋，那我们就有可能吃鸡了。

(2)Zhè zhī jī yìzhí hěn ài xià dàn, zhè jǐ tiān tūrán bú xià le. Māma shuō, rúguǒ wǒmen zǒng chī bu dào dàn, nà wǒmen jiù yǒu kěnéng chī jī le.

短　　语

几只蝴蝶；　一只苍蝇；　几只蜻蜓；　一只小鸟；　一只羊；　一只猫；　几只猴子；　一只老虎

生　　词

1. 姿势	zīshì	posture, carriage	6. 苍蝇	cāngying	fly
2. 速度	sùdù	speed, velocity	7. 蜻蜓	qīngtíng	dragonfly
3. 青蛙	qīngwā	frog	8. 猴子	hóuzi	monkey
4. 下蛋	xià dàn	lay eggs	9. 老虎	lǎohǔ	tiger
5. 蝴蝶	húdié	butterfly			

3. Individual measure for chest, box, boat, etc.

情　　景

星期天我们几个人租了一只小船，刚划了一会儿，就起风了，我们只好往回划。大家都说，今天真倒霉！

Xīngqītiān wǒmen jǐ ge rén zūle yì zhī xiǎo chuán, gāng huále yíhuìr, jiù qǐ fēng le, wǒmen zhǐhǎo wàng huí huá. Dàjiā dōu shuō, jīntiān zhēn dǎoméi!

短　语

一只箱子

生　词

1. 倒霉　　　dǎoméi　　　　have bad luck
2. 箱子　　　xiāngzi　　　　chest, box

| zhī 枝 | 1. Branch: individual measure for a branch of a tree or plant, especially with leaves and flowers. |

情　景

那个小学生从公园里走出来，手里拿着几**枝**花。他发现有人看见他了，就赶快把那几**枝**花扔在地上跑了。

Nàge xiǎoxuéshēng cóng gōngyuán li zǒu chulai, shǒu li názhe jǐ zhī huā. Tā fāxiàn yǒurén kànjiàn tāle, jiù gǎnkuài bǎ nà jǐ zhī huā rēng zài dì shang pǎo le.

短　语

几**枝**桃花；　几**枝**鲜花；　一**枝**绢花；　几**枝**绿叶

生　词

1. 桃花　　táohuā　　　　peach blossom
2. 绢花　　juànhuā　　　 silk flowers

2. Individual measure for rod-shaped things. Similar to "zhī 支 3".

情　景

我觉得买一**枝**钢笔还不如买一**枝**圆珠笔，因为圆珠笔比钢笔便宜，用起来也方便。

Wǒ jué de mǎi yì zhī gāng bǐ hái bùrú mǎi yì zhī yuánzhūbǐ, yīnwèi yuánzhūbǐ bǐ gāngbǐ piányi, yòng qilai yě fāngbian.

短　语

一枝铅笔；　一枝毛笔；　一枝箭；　一枝烟；　一枝蜡烛；　一枝枪

生　词

1.便宜	piányi	cheap, inexpensive
2.箭	jiàn	arrow
3.枪	qiāng	rifle, gun

zhǒng 种

Species; kind; group measure for a number of persons or things of the same kind.

情　景

(1)那个学生既聪明又勤奋。三四年的时间他就掌握了英、日、法三**种**外语，而且说得都很流利。

（1）Nàge xuésheng jì cōngming yò qínfèn. Sān-sì nián de shíjiān tā jiù zhǎngwòle Yīng、Rì、Fǎ sān zhǒng wàiyǔ, érqiě shuō de dōu hěn liúlì.

(2)中国的几**种**名茶我都品尝过，我觉得都不错。我想回国的时候各**种**茶叶都买一点儿带回去。

（2）Zhōngguó de jǐ zhǒng míng chá wǒ dōu pǐnchángguò, wǒ jué de dōu bú cuò. Wǒ xiǎng huí guó de shíhou gè zhǒng cháyè dōu mǎi yìdiǎnr dài huiqu.

短　语

一**种**人；　一**种**动物；　一**种**制度；　一**种**习惯；　一**种**思想；　一**种**意见；　一**种**颜色；　一**种**东西；　一**种**现象；　这**种**事情；　一**种**看法；　这**种**文章；　各**种**情况

生　词

1.聪明	cōngming	clever		5.现象	xiànxiàng	phenomenon
2.勤奋	qínfèn	diligent		6.看法	kànfǎ	view, a way of
3.品尝	pǐncháng	taste, savour				looking at a thing
4.动物	dòngwù	animal				

〔注解〕
　　种 and "lèi 类" are identical, when used for a group having qualities of the same kind.

zhóu(r) 轴

Spool: partitive measure for calligraphy and paintings that are wound or mounted on a reel.

情　　景

他家客厅里的摆设很简单,靠墙放着两个沙发和一个茶几,沙发旁边有一盏灯,地上铺着一块蓝色的地毯,墙上挂着一**轴**山水画。

Tā jiā kètīng li de bǎishe hěn jiǎndān, kào qiáng fàng zhe liǎng ge shāfā hé yí ge chájī, shāfā pángbiān yǒu yì zhǎn dēng, dì shang pūzhe yí kuài lánsè de dìtǎn, qiáng shang guàzhe yì zhóu shānshuǐhuà.

短　　语

一**轴**线;　一**轴**画儿

生　　词

1.客厅	kètīng	drawing room	4.茶几	chájī	tea table
2.摆设	bǎishe	ornaments, furnishings	5.铺	pū	lay, spread
			6.蓝色	lánsè	blue
3.沙发	shāfā	sofa, settee	7.地毯	dìtǎn	carpet, rug

zhuāng 桩

Individual measure for matters, affairs, etc.

情　景

女儿快 30 岁了，还没找到爱人。这件事成了母亲的一**桩**心事，可是女儿自己却一点儿也不着急。

Nǚ'ér kuài sānshí suì le, hái méi zhǎodào àirén. Zhè jiàn shì chéngle mǔqin de yì zhuāng xīnshì, kěshì nǚ'ér zìjǐ què yìdiǎnr yě bù zháojí.

短　语

一桩大事；　一桩喜事

生　词

1. 大事　　dàshì　　　　great event
2. 喜事　　xǐshì　　　　happy event

zhuàng 幢

Individual measure for a house or other structure, e. g. , building.

情 景

前面的那几幢大楼把我家的阳光都挡住了。屋子里总是很暗，阴天下雨的时候更黑，不开灯什么也看不清。

Qiánmiàn de nà jǐ zhuàng dàlóu bǎ wǒ jiā de yángguāng dōu dǎngzhù le, wūzi li zǒngshì hěn àn, yīntiān xiàyǔ de shíhou gèng hēi, bù kāi dēng shénme yě kàn bú qīng.

短 语

一幢房子； 一幢楼房； 一幢小楼

生 词

1. 暗　　àn　　　　　dark, dim
2. 阴天　yīntiān　　　cloudy day

zhuō(r) 桌

Table；（organized set of）dishes forming a table setting：container measure for amount，sum，or number of things lying on top of a table.

情　景

A：我想订一桌酒席。

B：您订多少钱一桌的？

A：有几种？

B：有 200 块钱一桌的，250 块钱一桌的两种。

A：那我就订 250 块钱一桌的吧。

A：Wǒ xiǎng dìng yì zhuō jiǔxí.

B：Nín dìng duōshǎo qián yì zhuō de?

A：Yǒu jǐ zhǒng?

B：Yǒu èrbǎi kuài qián yì zhuō de, èrbǎi wǔshí kuài qián yì zhuō de liǎng zhǒng.

A：Nà wǒ jiù dìng èrbǎi wǔshí kuài qián yì zhuō de ba.

短　语

一桌饭；　一桌客人；　一桌菜

| zūn 尊 | Individual measure for cannon, and for the image of a deity used as an object of worship. |

情　景

这**尊**佛像好大啊！看样子有十七、八米高，那两只脚就有两三米长。我从来没见过这么大的佛像。

Zhè zūn fóxiàng hǎo dà a! Kàn yàngzi yǒu shíqī-bā mǐ gāo, nà liǎng zhī jiǎo jiù yǒu liǎng-sān mǐ cháng. Wǒ cónglái méi jiànguo zhème dà de fóxiàng.

短　语

一**尊**大炮；　一**尊**塑像

生　词

1. 佛像　　fóxiàng　　　figure of Buddha
2. 塑像　　sùxiàng　　　statue

| zuǒ(r) 撮 | Tuft: group measure for a cluster of yarn, hair, grass, etc., held or growing closely together. |

情　景

他的女朋友不喜欢他留胡子，说既不美观又不卫生，所以今天早上一起床，他就对着镜子把那撮小胡子刮掉了。

Tā de nǚpéngyou bù xǐhuan tā liú húzi, shuō jì bù měiguān yòu bú wèishēng, suǒyǐ jīntiān zǎoshang yì qǐchuáng, tājiù duìzhe jìngzi bǎ nà zuǒ xiǎo húzi guā diào le.

短　语

一撮头发；一撮毛

生　词

1. 美观　　měiguān　　　pleasing to the eye
2. 毛　　　máo　　　　　hair, feather, down

| zuò | 座 | Individual measure for a big building, structure, mountain, etc. |

情　景

(1)原来这里有一**座**桥,后来坏了,现在又重新修了一**座**。这**座**新桥比原来的宽,也比原来的高。

(1) Yuánlái zhèlǐ yǒu yí zuò qiáo, hòulái huài le. Xiànzài yòu chóngxīn xiūle yí zuò. Zhè zuò xīn qiáo bǐ yuánlái de kuān, yě bǐ yuánlái de gāo.

(2) A：劳驾,请问,友谊商店在哪儿?
B：前边那座大楼就是。
A：谢谢!
B：不客气!
A：再见!
B：再见!

(2) A：Láojià, qǐng wèn, Yǒuyì Shāngdiàn zài nǎr?
B：Qiánbian nàzuò dàlóu jiùshì.
A：Xièxie!
B：Bú kèqi!
A：Zàijiàn!
B：Zàijiàn!

短　语

一座山;　一座碉堡;　一座宫殿;　一座矿山;　一座纪念碑;　一座雕像;　一座庙;　一座城市

生　词

1.桥	qiáo	bridge	4.矿山	kuàngshān	mine
2.碉堡	diāobǎo	pillbox, blockhouse	5.雕像	diāoxiàng	statue
3.宫殿	gōngdiàn	palace	6.庙	miào	temple, shrine

名词量词搭配表

Collocations of Commonly Used Measure Words
and Nouns Appearing in This Book

汉语拼音 **Chinese Phonetic Alphabet**	名词、量词搭配 **Nouns and Measure Words Collocations**	词 条 Entry
	A	
ānmiányào	安眠药(片,粒,袋,瓶)	片
	B	
bāzhang	巴掌(个)	口
bǎwò	把握(分,成,点儿,些)	分
báibù	白布(匹,块,幅,尺,寸,米,条,卷)	匹
bǎishe	摆设(种,些)	轴
bānjī	班机(班,趟,次,架)	趟
bānzi	班子(个,套)	套
bànfǎ	办法(个,种,套)	套
bǎojiàn	宝剑(口,把,柄)	口
bào	报(张,份,沓,摞,捆,卷)	摞
bàozhǐ	报纸(张,份,沓,摞,捆,卷)	份,卷,捆
bēijù	悲剧(个,出,场)	出
bēizi	杯子(个,摞,只)	个
bèi	被(床,条)	床
bèimiàn	被面(个,幅,条,床)	幅
běnzi	本子(个,摞)	摞
bízi	鼻子(个,只)	个
bǐsài	比赛(场,项,次,回,局,盘)	项
bìyèshēng	毕业生(届,期,个,班)	届,期
biānpào	鞭炮(个,挂,串,响,头)	挂
biāoyǔ	标语(个,条,张,幅,句)	条
biǎogé	表格(张,个,份)	张
biǎoqíng	表情(副,个)	副
bǐng	饼(张,牙,块,斤,两,摞)	牙,张
bǐnggān	饼干(片,块,包,袋,盒)	包,袋,盒,片
bìngfáng	病房(个,间,排)	间
bōcài	菠菜(把,捆,斤,根)	把

bōli	玻璃(块,层,片,箱)	层,块
bómó	薄膜(张,层,块)	层
bù	布(条,卷,幅,块,匹,尺,寸,米)	幅,块
bùgàopái	布告牌(个,块)	张

C

cáichǎn	财产(笔,份)	笔
cáiliào	材料(份,些,摞,点儿,批)	份
cài	菜(份,个,样,种,盘,碗,桌)	盘,勺,碗,样
cāngying	苍蝇(只,个,群)	只
cǎo	草(棵,根,丛,捆)	丛,根,棵,捆
cǎodì	草地(片,块)	片
chá	茶(杯,口,碗,种)	碗
cháhú	茶壶(把,个)	把
chájī	茶几(个)	轴
chájù	茶具(套)	套
cháyè	茶叶(包,盒,袋,筒,撮,斤,两,种)	包
chǎnpǐn	产品(种,类,批,件)	批
chǎngmiàn	场面(个,幅,种)	幅
chāopiào	钞票(张,沓,摞,捆,卷)	张
chē	车(辆,班,趟,部)	班
chēhuò	车祸(次,起)	起
chēxiāng	车箱(厢)(节)	节
chēzhàn	车站(个)	个
chènshān	衬衫(件)	家
chéngjī	成绩(分,个,些,点儿)	分
chéngshì	城市(座,个)	个
chǐzi	尺子(把,个)	把
chìbǎng	翅膀(只,个)	只
chóuduàn	绸缎(匹)	匹
chòuwèi	臭味(股)	投
chūzū qìchē	出租汽车(辆)	辆
chúfáng	厨房(间,个)	包
chuán	船(只,条,艘)	条
chuāng	窗(扇,个)	层
chuānghu	窗户(扇,个)	扇
chuānglián	窗帘(个)	匹
chuáng	床(张,个)	层
chuángdān	床单(条,个)	匹,条
chūntiān	春天(个)	个

chúnshé	唇舌(番)	番
cídài	磁带(盘,盒)	盘
cídiǎn	词典(本,部,个)	部
cōng	葱(棵,根,捆,斤)	棵,捆
cóngshū	丛书(套,部)	套
cūnzi	村子(个)	个
cuòwù	错误(分,种,类,个)	分

D

dǎhuǒjī	打火机(个,只)	盒
(dǎ)xuězhàng	(打)雪仗(个,次,场,阵,回)	堆
dǎzìjī	打字机(台)	台
dàhuǒ	大火(场,次,回,片)	场
dàmǐ	大米(包,袋,粒,斤,碗,把)	包
dàpào	大炮(门,尊)	门,尊
dàshì	大事(件,桩)	桩
dàshuǐ	大水(次,回,场)	场
dàtīng	大厅(间,个)	盏
dàibiǎo	代表(个,位,名)	位
dàifu	大夫(个,位,名)	个
dàizi	带子(根,条)	根,条
dānjià	担架(副,个)	副
dǎodàn	导弹(枚,个,颗)	枚
dàolǐ	道理(个,些)	个,些
dàotián	稻田(块,片,亩)	片
dēngguāng	灯光(道,片,束,点)	道
dìtǎn	地毯(块,卷)	轴
dìtú	地图(张,本,个,幅)	张
diǎnxin	点心(种,样,块,份,包,盒,盘,个)	包,份,盒,块,盘
diànbào	电报(封,个,份)	封
diànbīngxiāng	电冰箱(台,个)	批
diànchí	电池(副,节)	节
diàngōng	电工(个,位,名)	级
diànshìtái	电视台(个,家)	盘
diàntī	电梯(个,部)	层
diànxiàn	电线(根,截,盘,股,段)	盘
diànyǐng	电影(个,场,部)	场
diànzǐjìsuànjī	电子计算机(台,架,个)	台
diāobǎo	碉堡(座,个)	座
diāoxiàng	雕像(座,个,尊)	座

dīngzi	钉子（个，颗，枚）	个
dōngxī	东西（件，个，包，堆，样，种，卷，捆，些）	堆,件,卷,些,种
dòngwù	动物（种，类，个，只）	种
dòuzhēng	斗争（场，次）	场
dòuzi	豆子（把，个，粒，颗，堆，袋，斤）	把
dùzi	肚子（个）	瓣
(duī) xuěrén	（堆）雪人（个）	堆
duìlián	对联（副）	副
duìwu	队伍（支，个）	支

E

ěrduō	耳朵（只，个，对）	只
ěrguāng	耳光（个）	个
ěrhuán	耳环（只，个，对，副）	副,只
ěrjī	耳机（个，副）	副

F

fàn	饭（顿，份，碗，勺）	份,勺,桌
fàncài	饭菜（份）	份
fángjiān	房间（个，套）	套
fángzi	房子（间，所，座，栋，幢，排）	栋,幢
fēijī	飞机（架，班，趟）	班
fēijīchǎng	飞机场（个，座）	个
féiliào	肥料（堆，些）	堆
féizào	肥皂（块，条，箱）	块
fèiyòng	费用（笔，项，些）	个
fèizhǐ	废纸（堆，团，撮，张）	撮
fěnbǐ	粉笔（根，支，截，盒）	根,盒,截
fēngbō	风波（场）	场
fēngguāng	风光（番，种）	番
fēngwèi	风味（番，种）	番
féngrènjī	缝纫机（个，台，架）	架
fèng	缝（道，条，个）	道
fóxiàng	佛像（尊，座，个）	尊
fūqī	夫妻（对）	对
fǔzi	斧子（把，个）	把

G

gǎigé	改革（次）	次
gānshùyè	干树叶（堆，撮，片）	撮
gānzhe	甘蔗（根，节）	节
gāngqín	钢琴（架，个）	架

gǎng	岗(班,次,个)	班
gāoyào	膏药(贴,张,块)	贴
gǎozhǐ	稿纸(张,本,卷,篇,摞,沓)	篇
gǎozi	稿子(篇,份,页,部)	篇
gēbo	胳膊(只,条,个)	条
gēcí	歌词(首,段,句)	句
gēqǔ	歌曲(首,支)	首
gēzi	鸽子(只,个,群)	群
gémìng	革命(次,场)	次
gōng	弓(张)	张
gōng·ānjú	公安局(个)	具
gōngchǎng	工厂(个,家,座)	个,所
gōngchéng	工程(项,个)	项
gōngdiàn	宫殿(座,个)	座
gōngfu	工夫(番,点儿)	番
gōnggòng qìchē	公共汽车(辆,排,部)	辆
gōngkè	功课(门)	门
gōngláo	功劳(份,分)	份
gōngrén	工人(个,位,名,队,班)	个,名
gōngsī	公司(家,个)	间
gōngxù	工序(道)	道
gōngzī	工资(份)	份
gōngzuò	工作(个,项,种,类,些,份)	项
gōu	沟(道,条,个)	条
gǒu	狗(条,只,窝)	条,窝
gǔ	鼓(面,个)	面
gǔtou	骨头(块,根,把,节)	把,根,节
gùshi	故事(个,篇)	篇
guāzǐr	瓜子(粒,个,把,包,袋)	把
guàmiàn	挂面(把,斤)	把
guān	关(道)	道
guāncai	棺材(口,具,个)	具,口
guānsi	官司(场,次)	场
guǎnzi	管子(根,段,截)	段
guànmù	灌木(丛,片)	丛
guāng	光(道,束,片)	道
guīju	规矩(个,项,套,条)	套
guīzé	规则(项,条,个)	起
(gǔn)xuěqiú	(滚)雪球(个)	堆

gùnzi	棍子(根,个)	根
guǒshù	果树(株,棵,排,片)	排

H

hāmìguā	哈密瓜(个,牙,块,斤,片)	盘
hāqian	哈欠(个)	个
háizi	孩子(个,群,帮)	个
hǎidǎo	海岛(群,个)	群
hánliú	寒流(股,次)	股
hàn	汗(滴,身,脸,头)	滴,剂
hànzhū	汗珠(颗,滴)	颗
hǎochu	好处(点,个,些)	些
hǎoshǒu	好手(把,个)	把
hǎoxīn	好心(片,份)	番,片
hǎoyì	好意(片,番,份)	番
hàozi	耗子(只,个,窝)	窝
hé	河(条)	条
hēibǎn	黑板(块,个)	块
héngduì	横队(列,个)	列
hóngqí	红旗(面·杆)	面
hóuzi	猴子(只,个)	只
húdié	蝴蝶(只,个)	只
húyán-luànyǔ	胡言乱语(片,派)	片
húzi	胡子(撇,撮,绺,把,根)	撇
huābù	花布(匹,尺,块)	匹
huāpíng	花瓶(个,只,对,套)	簇,对
huāshēng	花生(粒,颗,个,把,盘,袋,包,斤)	把,盘
huāshēngmǐ	花生米(粒,颗,把,盘,袋,斤)	把
huà	话(句,段,串,些,肚子)	肚子,段,些
huà(r)	画儿(张,幅,卷,轴)	卷,轴
huàbào	画报(本)	本
huàjiā	画家(个,位,名)	幅
huàjù	话剧(个,场,部,幕)	场(chǎng)
huàidàn	坏蛋(个,群,帮,伙)	帮
huàirén	坏人(伙,帮,群,个)	伙
huānsònghuì	欢送会(个,次)	席
huānténg	欢腾(片)	片
huángguā	黄瓜(根,条,斤)	截
huī	灰(层,堆)	层
huíyì	回忆(个,段,次)	段

hūnlǐ	婚礼(个,次)
huó(r)	活儿(个,批,<u>些</u>)
huódòng	活动(次,项,<u>些</u>,个)
huóyèzhǐ	活页纸(张,篇,沓)
huǒ	火(把,场,片,堆,团)
huǒchái	火柴(根,包,盒)
huò	货(批,车,船)
huòchē	货车(列,辆)
huòlún	货轮(艘,条,只)

J

jī	鸡(只,窝)
jīdàn	鸡蛋(个,枚,斤,打)
jīqì	机器(部,台,架,个)
jíyóubù	集邮簿(本,个,册)
jìhuà	计划(个)
jìlù	记录(项,个)
jìlǜ	纪律(项,条,点,个)
jìniànbēi	纪念碑(个,座)
jìniànzhāng	纪念章(枚,个)
jiājù	家具(件,套,堂,屋子,批)
jiǎnzi	剪子(把)
jiànyì	建议(点,个,条)
jiāngjūn	将军(位,个)
jiǎngyì	讲义(篇,页,张,份)
jiànghú	浆糊(瓶)
jiāojuǎn	胶卷(卷,个)
jiāoshuǐ	胶水(瓶)
jiāotōngtú	交通图(张,本,个)
jiāoyì	交易(笔,项,个)
jiǎo	脚(只,双)
jiàochē	轿车(辆,部)
jiàoshì	教室(间,个,排)
jiàoshòu	教授(位,名,个,级)
jiē	街(条)
jiérì	节日(个)
jìn(r)	劲儿(股,把)
jīngfèi	经费(笔,批,项)
jīngjì wēijī	经济危机(次)
jīngjù	京剧(出,折,段,场)

个
把
项
篇
把,场
包,要
批
列
艘

窝
个
部,架
册
个
项
条
座
枚
笔,件,套
把
点
枚
页
瓶
卷
瓶
张
笔
双
辆
个
份,级
条
个
把
笔
次
出

jǐng	井(口,眼)	眼
jǐngsè	景色(番,种,片)	番
jìngzi	镜子(面,个)	面
jiǔ	酒(口,碗,杯,壶,瓶,桶,坛)	杯,口,瓶
jiǔxí	酒席(桌)	道
jūmínqū	居民区(个,片)	片
jù	锯(把)	把
jùlí	距离(段)	段
juànhuā	绢花(枝,朵,束,把)	枝
juéxīn	决心(个,次,回)	笔
juéyì	决议(项,点,个)	项
jūnjiàn	军舰(艘,只)	艘

K

kāfēisè	咖啡色(种)	股
kǎchē	卡车(辆)	辆
kāizhī	开支(笔,项)	笔,项
kànfǎ	看法(种,个)	种
kǎoyā	烤鸭(只,盘,斤,片)	回
(kǎo) yángròu	(烤)羊肉(串,盆,盘,块)	串
kēxué	科学(门)	门
kè	课(门,节,次,堂)	节
kèběn	课本(套,册,种)	套
kèchéng	课程(门)	门
kèrén	客人(个,位,桌,批)	副,桌
kètīng	客厅(个,间)	轴
kōng	空(场)	场
kòngdì	空地(块,片,个)	片
kǒudài	口袋(个,条)	把,条
kǒushé	口舌(番)	番
kǒuzi	口子(道,个)	道
kòuzi	扣子(个,排)	个
kūshēng	哭声(片)	片
kùzi	裤子(条)	条
kuàizi	筷子(双,支,根,把)	把,根
kuǎn	款(笔)	笔
kuāng	筐(个,副,摞)	摞
kuàngshān	矿山(座,个)	座

L

lājī	垃圾(堆,撮,簸箕,车)	撮

làzhú	蜡烛(根,枝,支)	根,枝
lánqiú	篮球(个,场)	场
láosāo	牢骚(肚子,句)	肚子
lǎohǔ	老虎(只)	只
lǎohuājìng	老花镜(副)	副
lǎorén	老人(个,位)	位
lǎoshī	老师(个,位)	个
léi	雷(个,声,阵)	个
lěngqì	冷气(股)	股
lǐwù	礼物(件,个,份)	份
lǐyóu	理由(个,点,条)	个,条
lì	力(把,点,些,分)	把
lìliang	力量(股,支,种,份)	支
lìqi	力气(把,点儿)	把
liǎn	脸(张,个)	张
liángqì	凉气(股)	股
línjū	邻居(个,位,家,户)	串
líng	铃(个,串,排)	堆
lǐngdǎo	领导(个,位)	位
liúmáng	流氓(个,群,帮,伙)	帮,伙
liúxuéshēng	留学生(个,位,名)	个
lóu	楼(座,幢,栋,所,排)	幢
lóufáng	楼房(座,幢,栋,所,排,片)	栋,排,幢
lùchéng	路程(段)	段
lùxiàn	路线(个,条)	条
lùxiàngjī	录相机(个,台)	台
lùyīnjī	录音机(个,台)	架
lǘ	驴(头,条,只)	头
lǚguǎn	旅馆(座,家,个)	家
lúnchuán	轮般(艘,只,条)	艘
lùnwén	论文(篇)	摞,篇
luósīdīng	螺丝钉(颗,个,枚)	颗
luózi	骡子(匹,头)	匹
luòtuo	骆驼(匹,峰)	匹
	M	
mádài	麻袋(条,个)	条
mǎlù	马路(条)	块
mǎyǐ	蚂蚁(个,只,窝)	窝
mà	骂(顿,次,回)	顿

mǎimai	买卖(笔)	笔
màitián	麦田(块,片,亩)	片
mántou	馒头(个,块,片,斤)	片
māo	猫(只,个,窝)	窝,只
máo	毛(撮,根)	撮
máobǐ	毛笔(枝,支,杆,管)	管
máobìng	毛病(种,个,点儿,些)	层
máojīn	毛巾(条,块)	条
máomaochóng	毛毛虫(条)	条
máoxiàn	毛线(根,团,股,截,斤)	股,团,撮
méimao	眉毛(道)	道,撮
mén	门(扇,道,个)	道扇
ménfèng	门缝(个,条,道)	颗
ményá	门牙(颗,个)	个
mèng	梦(场,个)	把
mǐ	米(把,斤,粒,颗,袋)	件
mǐhuángsè	米黄色(种)	床
miánbèi	棉被(条,床,个)	匹
miánbù	棉布(匹)	包,团
miánhua	棉花(团,包,斤)	片
miànbāo	面包(个,片,块)	袋
miànfěn	面粉(袋,斤)	副
miànkǒng	面孔(副,个,张)	座
miào	庙(座,个)	支
míngē	民歌(首,支)	幅
mínghuà	名画(幅,张)	条
mìng	命(条)	道
mìnglìng	命令(道,条,个)	伙
mótuōchē	摩托车(辆,排)	瓶,身
mòshuǐ	墨水(瓶,身,手)	丛
mǔdānhuā	牡丹花(枝,朵,盆,丛)	窝
mǔzhū	母猪(只,口,头,个)	截,块
mùtou	木头(块,截)	

N

nǎiniú	奶牛(头)	头
nèiróng	内容(项,个)	项
ní	泥(块,摊,身,脚)	块,摊
nílóngchóu	尼龙绸(匹,块,尺,米)	截
niánjì	年纪(把)	把

niàntou	念头（个）	个
niǎo	鸟（只，窝）	窝
niú	牛（头，群）	群，头
niúnǎitáng	牛奶糖（块，盒，袋，斤）	袋
nóngmín	农民（个，户）	个，户
nuǎnliú	暖流（股）	股

O

ǒu	藕（节，段，斤，支）	场

P

pái	牌（张，副，手，把）	张
páiqiú	排球（只，个，场）	场
pàichūsuǒ	派出所（个）	撮
pàodàn	炮弹（颗，发，个）	发
pén	盆（个）	张
pīpíng	批评（顿，次，回）	顿
pí	皮（张，层，块，点儿）	层，张
píbāo	皮包（个，只）	沓
píjiǔ	啤酒（升，听，罐，瓶，杯，种，肚子）	肚子
píxié	皮鞋（双，只）	双
piào	票（张）	张
pīngpāngqiú	乒乓球（个，场）	场
píngguǒ	苹果（个，牙，片，块，斤）	牙
píngfēng	屏风（个，扇，架）	扇
píngshū	评书（段，回）	段
pūkèpái	扑克牌（张，副）	副，张
pútao	葡萄（粒，颗，株，棵，串，斤，架）	串
pútaogān	葡萄干（盒，袋，斤）	盘

Q

qī	漆（道，次，层，桶）	道
qízǐ	棋子（个，枚）	枚
qì	气（口，股，肚子）	肚子，口
qìchē	汽车（辆，排，部，站）	部，站
qìshuǐ	汽水（瓶，杯）	瓶
qiānbǐ	铅笔（枝，支，杆，管）	枝
qián	钱（把，笔）	把
qiāng	枪（枝，支，杆，条）	枝
qiāngfǎ	枪法（手）	手
qiāngshēng	枪声（阵）	阵
qiáo	桥（座，架）	座

qīnqi	亲戚（门，家，个）	封
qīngtíng	蜻蜓（只，个）	只
qīngwā	青蛙（只，个）	只
qíngjǐng	情景（种，幅，个）	幅
qíngkuàng	情况（种，个）	种
qiūtiān	秋天（个）	个
qiúsài	球赛（场，次）	场
qǔzi	曲子（支，个，首，段，部）	架，支
quánshuǐ	泉水（股，眼）	股
qúnzi	裙子（条）	条

R

rèlèi	热泪（行，滴）	行
rèqì	热气（股）	股
rén	人（个，班，批，帮，群，伙，种，类，排，圈，堆，些）	堆，类，排，
		批，群，些
réndān	人丹（粒，颗，袋，盒）	粒
rénmǎ	人马（班，套）	班，套
rénqíng	人情（份）	份
rénxíngdào	人行道（条）	圈
rènwù	任务（个，项）	项
rìguāngdēng	日光灯（盏，个，排）	盏
rìjì	日记（篇，本）	篇
rìzi	日子（个，些）	口
ròu	肉（块，片，斤，盘）	块，盘，片
rùzi	褥子（条，床）	床

S

sǎn	伞（把，柄）	把
sǎngzi	嗓子（条，副，个）	副
sāodòng	骚动（阵）	阵
sēnlín	森林（片，处）	片
shāchuāng	纱窗（扇，个，层）	层
shāfā	沙发（个，对，套，排）	轴
shāzi	沙子（粒，颗，堆，把，地，撮）	滴，粒
shān	山（座，片）	座
shǎndiàn	闪电（个，道）	个
shànzi	扇子（把，个）	把
shāng	伤（块，处）	处
shāngbā	伤疤（个，道，块，条）	块
shāngdiàn	商店（个，座，家）	个，家

sháozi	勺子(把,个)	把
shé	蛇(条)	条
shèlùn	社论(个,篇)	篇
shēngmíng	声明(项,个,点)	项
shēngyi	生意(笔,批,个)	笔,批
shéngzi	绳子(根,条,截,段)	段,根,截,条
Shèngdànjié	圣诞节(个)	门
shī	诗(道,句,段,行)	行,句
shīfu	师傅(个,位)	门
shītǐ	尸体(具,个)	具
shíhou	时候(个,些)	些
shítou	石头(块,堆)	堆,块
shì	事(件,回,个)	回
shìgù	事故(个,次,起)	次
shìqing	事情(件,种,类,些,点儿)	段,类,些,种
shìyàn	试验(次,个)	次
shōurù	收入(笔,项)	笔,项
shōuyīnjī	收音机(个,台,架)	架
shǒu	手(把,道,只,双)	道,双,只
shǒubiǎo	手表(只,块)	块
shǒufǎ	手法(种,个,套)	套
shǒujuànr	手绢儿(块,条)	块
shǒukào	手铐(副)	副
shǒuményuán	守门员(个,位,名)	场
shǒushù	手术(次,个)	次
shǒuxù	手续(道,个)	道
shǒuyì	手艺(门,手,种)	门,手
shǒuzhǐ	手指(个,根)	个
shòupiàoyuán	售票员(个,位)	杳
shū	书(本,册,部,课,页,卷,捆,堆,抱)	本,堆,课,页
shūbāo	书包(个)	帮
shūfǎ	书法(手)	手
shūzi	梳子(把,支)	把
shù	树(棵,排,行)	行,批
shùyè	树叶(片,地)	撮
shùzhī	树枝(根,枝,个)	道
shuāzi	刷子(把,个)	把
shuǐ	水(滴,股,池,杯,口,身,肚子)	滴,肚子,口,身
shuǐguǎnzi	水管子(根,截,段)	截

sījī	司机(个,位)	起
sīxiǎng	思想(种,个)	种
xìyuàn	寺院(个,座,处)	处
sōngshù	松树(排,棵,行)	圈
sùshè	宿舍(间)	间
sùxiàng	塑像(座,尊,个)	尊
suàn	蒜(头,辫,瓣)	瓣
suànpán	算盘(把,个)	把
suǒ	锁(把,个)	把

T

tǎ	塔(座)	
táijiē	台阶(级,个,层)	层
tán	痰(口)	层,级
tǎnkè	坦克(辆)	口
tǎnzi	毯子(条)	辆
tāng	汤(碗,勺,锅)	条
tāngyào	汤药(碗,剂,煎)	勺,碗
táng	糖(块,斤,勺,盒,袋)	剂
tánghúlu	糖葫芦(串,根,支)	盒,块,勺
táohuā	桃花(枝,朵,片)	串
tǐyùguǎn	体育馆(座)	枝
tiāndì	天地(番)	个
tiánshǔ	田鼠(口,窝)	番
tiáojiàn	条件(个)	窝
tiáozhou	笤帚(把)	项
tiàoqí	跳棋(盘)	把
tiěguǐ	铁轨(段,截,根)	盘
tiěsī	铁丝(根,截,段)	段
tiěsīwǎng	铁丝网(道)	段,根,截
tōngxùnshè	通讯社(个,家)	道
tóufa	头发(根,绺,撮,头)	家
tóujīn	头巾(条,块,个)	撮
tǔ	土(层,堆,撮,身,脸)	块
tùzi	兔子(只,个,窝)	层,堆
tuǐ	腿(条,只,双)	窝
		条

W

wàzi	袜子(只,双)	双,只
wǎnguì	碗柜(个)	撮
wǎnshang	晚上(个)	个

wàngyuǎnjìng	望远镜(个,架,台)	架
wéijīn	围巾(条,个)	条
wéiqí	围棋(盘,局)	盘
wěiba	尾巴(条,个)	条
wèishēngzhǐ	卫生纸(卷,包)	卷
wénjiàn	文件(份,个)	份
wénxiāng	蚊香(盘,根,盒)	盘
wénzhāng	文章(篇,段)	段,种
wénzhàng	蚊帐(盘,根,盒)	盘
wèntí	问题(个,种,类,些)	个,类,些
wúguǐ diànchē	无轨电车(辆)	辆
wǔzhuāng	武装(副)	副
wùhuì	误会(场,次,种)	场

X

xīfú	西服(身,套,件)	个,身
xīguāpí	西瓜皮(块)	块
xí	席(桌)	桌
xíguàn	习惯(种,个)	种
xǐjù	喜剧(个,出,场,幕)	出
xǐshì	喜事(件,桩)	桩
xǐyīfěn	洗衣粉(袋,斤)	卷
xì	戏(部,出,场,段)	场,段
xiàtiān	夏天(个)	个
xiānhuā	鲜花(朵,枝,束,簇,把)	把,枝
xiǎnwēijìng	显微镜(架,台,个)	架
xiàn	线(根,绺,条,轴,团)	根,绺,条,轴
xiànxiàng	现象(种)	种
xiāngjiāo	香蕉(根,把儿)	把,根
xiāngwèi	香味(股,阵,种)	簇,股
xiāngyān	香烟(根,支,盒,包,条)	条
xiāngzào	香皂(块)	卷
xiāngzi	箱子(只,个)	只
xiàng	象(头,只,个)	个,头
xiàngpí	橡皮(块)	块
xiàngqí	象棋(盘)	盘
xiàngsheng	相声(个,段,场)	段
xiāo	箫(根,枝,支,管)	管
xiǎoluóbo	小萝卜(把,个)	把
xiǎoniǎo	小鸟(只,个,窝)	只

xiǎoshuō	小说(本,部,篇)	本,篇
xiǎotíqín	小提琴(把,个)	把
xiàoliǎn	笑脸(副,张,个)	副
xiàoróng	笑容(副,丝,点儿)	副
xiàoyuán	校园(个)	圈
xīn	心(条,颗)	颗,条
xīnsi	心思(番,份)	番
xīnwén	新闻(条,则,个)	条
xīnxuè	心血(番)	番
xīnyì	心意(番,份,片)	番,片
xīnyuàn	心愿(份,个)	份
xìnfēng	信封(个,沓,摞)	沓
xìnzhǐ	信纸(张,沓,摞)	沓
xīng	星(颗,个)	颗
xīngqī	星期(个)	个
xíngli	行李(个,件)	件
xìngqù	兴趣(种,个)	门
xiōngshā·àn	凶杀案(起,件,个)	起
xiōngxiàng	凶相(副,脸)	副
xuékē	学科(门,个)	门
xuéqī	学期(个)	课
xuésheng	学生(个,位,�,群,帮)	个,届,群
xuéwèn	学问(门,肚子)	肚子,门
xuéxiào	学校(个,所,座)	个,所
xuéyuán	学员(个,期)	期
xuézhě	学者(位,名,个)	名
xuě	雪(场,片,堆,团)	场,团
xuěhuā	雪花(个,片)	片
xuě	血(滴,摊,口,身)	滴,口,身
xūnzhāng	勋章(枚,个)	枚
xùnliànbān	训练班(个,期)	期

Y

yāzi	鸭子(只,个,群)	群
yáchǐ	牙齿(个,颗,排)	口,排
yágāo	牙膏(筒,管,支)	管
yān	烟(根,枝,盒,包,条)	包,根,枝
yānwèir	烟味儿(股)	股
yán	盐(粒,点,把,袋,包,斤)	摞
yánsè	颜色(种,个)	种

yǎnjing	眼睛（只，双，对）	双，只
yǎnjìng	眼镜（副）	副
yǎnlèi	眼泪（滴，行）	滴
yǎnsè	眼色（个，种）	个
yǎnyào	眼药（滴，瓶，管）	滴
yǎnyuán	演员（个，位，名）	个
yáng	羊（只，头，群）	群，只
yángtái	阳台（个）	条
yàngzi	样子（个，种，副）	副
yāodài	腰带（根，条，个）	条
yào	药（粒，片，丸，瓶，剂，煎，副，服，味）	粒
yàoshi	钥匙（把，串，个）	把
yěhuā	野花（把，束，簇）	簇
yèxiāo	夜宵（顿，份）	顿
yīfu	衣服（件，身，套，堆，摞）	堆，件，摞，套
yīliáo shìgù	医疗事故（个，起，次）	起
yīshēng	医生（个，位，名）	名
yīyuàn	医院（个，所，座，家）	家
yǐzi	椅子（把，个，排，圈）	圈
yìchéng	议程（项）	项
yìjian	意见（个，条，点，种）	点，条，种
yīnyuè	音乐（种，类，段）	段
yínháng	银行（所，座，家）	家，所
Yīngyǔ	英语（口）	口
yìngbì	硬币（个，枚）	枚
yìngxí	硬席（个）	列
yóu	油（滴，瓶，斤，桶，层）	层，瓶
yóudìyuán	邮递员（个，位，名）	沓
yóujú	邮局（个，所）	所
yóupiào	邮票（张，套，种，枚）	枚
yóuqī	油漆（筒，桶）	筒
yóurén	游人（个，群，伙，些）	匹
yóuyǒngchí	游泳池（个）	个
yǔyī	雨衣（件）	阵
yuányě	原野（片）	片
yuànzi	院子（个，层，座）	层
yuèpiào	月票（张）	张
yún	云（朵，片，团，块）	朵，片
yúncai	云彩（朵，片，块）	朵

Z

拼音	词	
zázhì	杂志(家,本,种,个,期,捆,摞)	本,捆,摞
zāinàn	灾难(场,个,次)	场
zǎoshang	早上(个)	个
zhàdàn	炸弹(颗,枚,个)	颗
zhài	债(笔,身)	笔
zhànzhēng	战争(场,次,个)	场
zhǎngshēng	掌声(阵)	束
zhàng	帐(本,笔)	笔
zhàngbù	帐簿(本,个)	册
zhàngpeng	帐篷(顶,个)	顶
zhàoxiàngjī	照相机(个,架)	架
zhēn	针(根)	根
zhēnxīn	真心(片)	片
zhěntou	枕头(个,对)	对
zhēnglùn	争论(场,次)	场
zhīshi	知识(门,种)	门
zhǐ	纸(张,篇,页,条,块,卷,摞,捆,沓)	卷
zhǐjia	指甲(个)	把
zhǐshéng	纸绳(根,截,段,盘)	盘
zhǐshì	指示(个,项)	项
zhìdù	制度(个,种,套)	套,种
zhōngwǔ	中午(个)	个
zhǒngzi	种子(粒,颗,个)	粒
zhōuzhé	周折(番)	番
zhòuwén	皱纹(道)	道
zhū	猪(口,头,只,窝)	口,头
zhūzi	珠子(颗,个,串,挂)	串,挂,颗
zhúzi	竹子(根,节,片,簇)	簇,节
zhùyì shìxiàng	注意事项(点,个)	点
zhùzi	柱子(根)	根
zhuān	砖(块,摞)	块,摞
zhuōzi	桌子(张)	张
zīshì	姿势(种,个)	只
zīwèi	滋味(种,番,般,个)	番
zǐdàn	子弹(发,颗,粒,枚)	发
zì	字(个,笔,行)	笔
zìdiǎn	字典(本,部)	笔
zìxíngchē	自行车(辆,排)	辆

zòngduì	纵队（列，路）	列
zúqiú	足球（只，场）	场
zuànshí	钻石（粒，颗）	颗

参 考 书 目
References

A grammar of Spoken Chinese   Yuen Ren Chao

现代汉语量词手册   中央民族学院语文系汉语文教研组编

现代汉语八百词   吕叔湘主编

A Chinese-English Dictionary   北京外国语学院英语系《汉英词典》编写组编

论现代汉语中的量词   黎锦熙   刘世儒